幼儿文学
阅读与指导
（第2版）

主　编　张海丽　秦甜

副主编　刘海燕　曹亚婷　王红霞

参　编　何玥尊　马翠华　刘艳茹

　　　　杨　钰

主　审　祝耸立

北京理工大学出版社
BEIJING INSTITUTE OF TECHNOLOGY PRESS

PERFACE 前言

党的二十大报告提出，"育人的根本在于立德。全面贯彻党的教育方针，落实立德树人根本任务，培养德智体美劳全面发展的社会主义建设者和接班人。"为贯彻落实党的二十大精神，以及中共中央、国务院《关于学前教育深化改革规范发展的若干意见》和《深化新时代教育评价改革总体方案》的精神，适应新时代对幼儿教师文学鉴赏能力、改编创编能力、幼儿文学修养提出的更高要求，我们聚焦幼儿园保育教育过程中影响其质量的关键要素，在尊重幼儿年龄特点和发展规律，坚持保教结合的前提下，本教材在 2016 年第 1 版的基础上进行了修订。目的是指导幼儿保育、婴幼儿托育和学前教育专业学生课堂学习与工作岗位无缝对接，实现理实一体、产教融合、校企融汇。

本教材具有以下特色：

一是体现规范性。本教材以最新颁布的《学前教育专业教学标准（试行）》和《3~6 岁儿童学习与发展指南》为依据，结合院校学前教育专业学生的实际情况进行编写，旨在帮助学生了解并掌握幼儿文学的基本理论，指导学生对幼儿文学作品进行简单的改编与创作，对学生掌握幼儿文学基础理论、进行教育实践有十分重要的指导作用，为其今后在幼儿园开展语言教学活动奠定一定的理论和实践基础。

二是彰显时代性。本教材将一些优秀的文学作品、视频、图片以二维码的方式穿插在教材中，拓展图书内容的同时，借助线上线下多种方式呈现出教材与社会的紧密衔接。

三是突出实用性。在本教材的编写过程中，我们始终贯彻"以学生为根本，以就业为导向"的理念，着力体现基础性、实用性的原则。基础性体现在阐明了幼儿文学的基本理论以及不同文体的主要特点；实用性体现在融合了大量适合幼儿教师使用的幼儿文学经典作品。

四是突出实效性。本教材针对幼儿园教学实际情况编写素材，选择训练措施和方法，增加了情境导入、知识窗、案例展示厅等板块，丰富了教材的呈现形式。

　　本教材在编写过程中参考、引用和借鉴了许多文献资料和专家论著，我们将其绝大部分列在参考文献中，在此谨向相关的作者和出版社致以诚挚的谢意！

　　囿于编写者的经历、经验和知识理论水平，书中不免有疏漏之处，殷切期盼师生在使用过程中，提出宝贵意见，以帮助我们不断修正和完善。

编　者

CONTENTS
目 录

单元一　认识幼儿文学 …………………………………………………… 1

　知识一　幼儿文学的概念及文体分类 …………………………… 2

　知识二　幼儿文学的特点和功能 ………………………………… 5

　知识三　幼儿文学期刊介绍 ……………………………………… 17

单元二　儿歌 ……………………………………………………………… 21

　活动一　认识儿歌 ………………………………………………… 22

　活动二　儿歌作品导读 …………………………………………… 41

　活动三　儿歌创编 ………………………………………………… 49

单元三　幼儿诗 …………………………………………………………… 63

　活动一　认识幼儿诗 ……………………………………………… 65

　活动二　幼儿诗作品导读 ………………………………………… 79

　活动三　幼儿诗创编 ……………………………………………… 88

单元四　幼儿图画书 ……………………………………………………… 99

　活动一　认识幼儿图画书 ………………………………………… 100

　活动二　幼儿图画书作品导读 …………………………………… 106

　活动三　幼儿图画书创编 ………………………………………… 126

单元五　童话 ··· 135

　　活动一　认识童话 ·· 136

　　活动二　童话作品导读 ···································· 141

　　活动三　童话改编 ·· 150

单元六　寓言 ··· 157

　　活动一　认识寓言 ·· 158

　　活动二　寓言作品导读 ···································· 161

　　活动三　寓言创编 ·· 166

单元七　幼儿戏剧 ··· 169

　　活动一　认识幼儿戏剧 ···································· 170

　　活动二　幼儿戏剧作品导读 ······························ 176

　　活动三　幼儿戏剧创编 ···································· 193

认识幼儿文学

学习目标

◆ 了解幼儿文学的概念、文体分类等基本知识。

◆ 认识幼儿文学的特点和功能。

◆ 掌握幼儿文学的学习方法。

◆ 熟悉与幼儿文学相关的期刊。

情境导入

新学期开学不久，某幼儿园教师沙龙时间，几位刚刚参加工作的青年教师先后说出了自己的烦恼：

"最近刚开学，班里爱哭的孩子好多啊，大家都是怎么应对的呢？"

"是呀，我也很头疼，各种方法都试过了，也没有明显的效果，弄得我都焦虑了。"小班的刘老师和马老师率先发言。

"我带的是大班，入园焦虑的情况倒是不太明显，让我头疼的是班里的好多孩子一点集体观念都没有，动不动就干架，我跟家长沟通了几次，也没有效果。"大班的苏老师愁眉苦脸地说。

"我们班的问题是……"

大家七嘴八舌，说出了很多自己的烦恼。总之一句话："现在的孩子问题太多了！"

这时候，园长说话了："我给大家出个主意，孩子们都喜欢念儿歌、听故事。大家遇到的这些问题，可以尝试用幼儿文学课上学到的知识去解决，也许会有奇效哦。"

一语惊醒梦中人，"是啊，幼儿文学，我们怎么把这门课忘了呢"。老师们一下子兴奋起来：

"我赶紧去翻翻上学时的课本，看看有没有合适的故事、儿歌之类的。"小班的两位老师喜笑颜开。

"或者，我可以找一个适合的幼儿剧本，让孩子们在班里排演一下。"大班的苏老师跃跃欲试。

……

那么，什么是"幼儿文学"？这是一门怎样的课程？下面，就让我们一起走近它、认识它吧！

知识一　幼儿文学的概念及文体分类

一、幼儿文学的概念

幼儿文学是儿童文学的一个分支，是一个相对独立的"属国"。

幼儿文学是指以 3 ～ 6 岁的幼儿为主要读者对象（其接受对象也可包括出生后到 3 岁的婴幼儿，并兼顾小学低年级学生），为促进他们的健康成长而创作或改编的，适合他们审美需要的文学。也有些地方把它称作"低幼文学"和"学前儿童文学"。

幼儿文学的概念可以从以下三个方面来理解。

（一）幼儿文学必须是"文学"

幼儿文学是文学大系统中的一个小分支，具有文学的一般性，符合文学创作的一般规律。只不过在语言使用、题材内容、文本形态、文学手法等方面，需要更适合幼儿的思维特点、充分考虑幼儿的接受能力。需要注意的是，我国在很长一段时期，将幼儿文学的核心本质确定为"教育性"，幼儿文学往往被当作对幼儿进行道德教育的工具。一些幼教工作者甚至仅仅从幼儿语言教育和道德教育的角度来看待幼儿文学，忽略了幼儿文学的文学性。生动的形象、优美的意境都被肢解成无滋无味的词汇、句式以及抽象的说教。实际上，幼儿文学与幼儿教育虽然密不可分，但幼儿文学的本质特征还是文学，教育只是其中的一种功能而已。幼儿文学是利用"文学的力量"对幼儿进行潜移默化地感染、感动，使幼儿在自然而然、愉悦的心境中发生变化。

知识窗

幼儿文学的创作必须包含"文学性"。如果一味地强调其教育作用而忽略其文学性，则无异于舍本逐末。

（二）幼儿文学必须是"幼儿"的文学

幼儿文学是独立存在并有自己独有特点的一种文学样式。

首先，幼儿文学是"为幼儿"的文学，是创作者为适应幼儿读者的审美需要和成长需要而创作的文学。这里的"审美需要和成长需要"不是成人以自己为标准人为的需要，而是符合幼儿成长特点，能激发幼儿健康快乐成长的需要。作家在创作时，应充分考虑作品的深浅程度与幼儿感知觉发展、欣赏文学作品的年龄特点是否一致等问题。

其次，幼儿文学是幼儿能够接受的文学。如在语言的运用上，要考虑作品的词汇是否与幼儿已经拥有的口语词汇相当；在题材内容的选择上，要考虑幼儿是否已经具有理解作品的相关知识与经验；在篇幅的设计上，要考虑目标年龄读者注意的时间长度；等等。总之，幼儿文学的内容与形式都应符合幼儿的心理需求和思维方式。

知识窗

现实中有些作品虽然描写的是幼儿生活，却是以成人的目光去欣赏、赞叹幼儿的天真烂漫，这些作品可以被称为"幼儿题材"的作品，并非专门为幼儿而写，幼儿也难以接受，因此，它们不属于幼儿文学的范畴。

案例展示厅

文段一：

冬天，雪花像羽毛一样从天上落下来。一个王后坐在乌木框子窗边缝衣服。她一边缝衣服，一边抬头看雪，缝衣针就把手指头戳破了，流出血来，有三滴血滴到了雪上。鲜红的血衬着白雪，非常美丽，于是她想："我希望有一个孩子，皮肤白里泛红，头发像这乌木相

框一样黑。"不久她生了一个女孩，皮肤像雪那么白净，嘴唇像血那么鲜红，头发像乌木框那么黑，王后给女孩取了一个名字——"白雪公主"。

文段二：

从前有一位王后，生了一个女儿，她的皮肤像雪一样白，王后就给她取了个名字——"白雪公主"。

思考：根据前面的理论知识，判断以上两段文字，哪一个更适合幼儿听赏？

（三）幼儿文学是儿童文学的一个分支

目前，儿童文学界比较公认的是将儿童文学从读者的角度分为三种类型：幼儿文学、童年文学和少年文学。

幼儿文学是为零岁至六七岁的学龄前儿童服务的文学。这一年龄段的儿童，身心刚刚开始发育，无论是知识还是生活经验都很有限，他们对周围的世界充满了兴趣和好奇，日常生活以游戏为主导。因此，幼儿文学主要是通过对现实世界的简单描绘，帮助幼儿正确认识周围的客观事物，培养良好的生活习惯和品德，丰富语言，培养学习能力。幼儿文学应强调正面教育，注重趣味性和娱乐性，是"浅语的艺术"，其语言深入浅出、形象易懂、可诵可记，主要文体有儿歌、幼儿诗、幼儿图画书、幼儿童话等。

童年文学也称为狭义的"儿童文学"，是为六七岁至十一二岁（小学阶段）的儿童服务的文学。这一阶段的儿童，以学习为主，富于幻想、爱探索、喜新奇，对自我和生活世界的兴趣越来越大。一方面，学校的系统教育使他们具备了初步的阅读能力；另一方面，他们特别喜欢充满浪漫幻想和故事性强的作品，希望通过自己的阅读获得更多的知识。因此，童年文学特别注重想象与认知，题材广泛、形式多样。其主要文体有儿童诗、童话、儿童小说、儿童科学文艺等。

少年文学是为十一二岁至十八岁（中学阶段）的少年服务的文学。少年期是从幼稚走向成熟的过渡时期。相较于童年期，少年期更渴望独立，更渴望具备成年人的力量；与此同时，情绪不稳、性发育是少年突出的特点。因此，少年文学应重视美育和引导，创作方法以现实主义为主，并可适当引入一些成人文学的表现技巧，注重全景式的生活描写，更深刻地描写自然世界和社会人生，帮助少年正确把握和评价社会生活的方方面面，健康地走向成熟。其主要文体有少年小说、报告文学、少年散文、诗歌等。

知识窗

　　幼儿文学与童年文学之间、童年文学与少年文学之间并非泾渭分明，它们的边界具有一定的模糊性。比如，一些具有明显幼儿文学特征的作品，不仅幼儿在欣赏，学龄初期的儿童也在阅读。而一些写给小学阶段儿童阅读的作品，幼儿也能阅读欣赏。这是因为人的幼儿期、童年期、少年期虽然具有不同的特点，但又是互相渗透、相辅相成的。而儿童文学这三种类型之间边界的模糊性恰恰证明了儿童文学是开放的。

二、幼儿文学的文体分类

　　本书充分考虑文学分类的一般原则和幼儿文学的特殊性，拟重点介绍幼儿文学以下六种基本文体。

　　（1）儿歌，是适合幼儿念唱、听赏的歌谣，又称为"童谣"。

　　（2）幼儿诗，是适合幼儿听赏、诵读的自由体短诗，与儿歌相比，幼儿诗更注重情感的抒发、意境的创造和表达的含蓄。

　　（3）幼儿图画书，是以幼儿为主要阅读对象的一种特殊的儿童文学样式，是绘画和语言相结合的艺术形式。幼儿图画书的基本特点是以图画为主、文字为辅，文字简单、浅显。

　　（4）幼儿童话，是专门为幼儿创作的具有浓厚幻想色彩的虚构故事，多采用夸张、拟人、象征等表现手法去编织奇异的情节，也是幼儿文学中最基本、最重要的体裁，其基本特征是幻想。

　　（5）寓言，即寓意于言，是一种含有明显讽喻意义的短小故事。寓言通常由喻体和本体两方面组成。结构简单、语言精练，多用比喻手法，寓意鲜明集中是它最主要的三个特点。

　　（6）幼儿戏剧，是以幼儿为对象，适合幼儿接受能力和欣赏趣味的综合性的舞台艺术。

知识二 幼儿文学的特点和功能

一、幼儿文学的特点

　　幼儿文学作为儿童文学中特点最鲜明的一个文学种类，其主要接受对象是学龄前儿童。因此，优秀的幼儿文学作品不仅要具备儿童文学的共性，还应该满足学龄前儿童健康成长的需要，符合学龄前儿童身心发展的规律。具体到幼儿文学的文本，主要具备以下四个特点。

（一）幼儿文学是开启心智的启蒙文学

0～6岁是幼儿成长教育的关键期，在这一时期，幼儿文学承担着对幼儿进行认知教育的特殊功能，它可以帮助幼儿认识万事万物，了解日常生活的内容，完成心理上的启蒙和成长。

首先，幼儿文学可以帮助幼儿认识世界的万事万物。山河湖海、日月星辰、花鸟虫鱼、飞禽走兽等都可以成为幼儿文学创作的题材。在表现形式上，还出现了各种专门向幼儿介绍动物、植物的"动物儿歌""植物儿歌"，童话中也有专门的"知识童话"，幼儿文学实际上帮助幼儿推开了一扇认识世界的窗户。

 案例展示厅

小白兔

小白兔，白又白，

两只耳朵竖起来，

爱吃萝卜和青菜，

蹦蹦跳跳真可爱。

视频：《小白兔白又白》

点评： 上面这首经典儿歌结构简单，读起来朗朗上口，好学易懂，鲜明的节奏，活泼的语言，既有效激发了幼儿的学习兴趣，又帮助幼儿认识了兔子的外形特征和生活习性。

其次，幼儿文学还能帮助幼儿了解一些日常生活的内容，如吃饭、穿衣、大小便、洗脸、睡觉等，这些基本能力的获得是幼儿日常学习的主要内容，幼儿文学以含蓄的方式，让幼儿在吟唱儿歌或是聆听故事时潜移默化地了解这些内容。

案例展示厅

牙齿亮晶晶

常福生

牙刷是张弓，牙齿是架琴，

牙刷伸进嘴，拉起小提琴，

拉呀轻轻拉，歌声真好听，

天天早晚拉，牙齿亮晶晶。

点评： 这首儿歌运用生动的比喻让幼儿懂得了刷牙的生活常识。

再次，幼儿文学对幼儿的心理成长也有启蒙引导作用。例如，一位妈妈在博客中这样记录了3岁女儿听赏故事《小熊尤克》时的过程：妈妈给女儿讲述了熊妈妈养育小熊的一些情节，当讲道："熊妈妈因为要救正在吃蜂蜜的小熊而推开他，这时，山谷里响起巨大的石头滚动的声音，一股浓烈的血腥味扑了过来；当小熊睁开眼睛的时候，妈妈已经不见了……"时，女儿的表情由紧张变得悲伤；当妈妈继续讲道"小熊在山谷中怎么找也找不到妈妈"的时候，女儿流泪了。妈妈问："怎么了？""小熊没有妈妈……"女儿边哭边说。之后的很长一段时间，女儿都不肯再听妈妈讲这个故事了，妈妈问为什么，女儿就很认真地告诉妈妈："太悲伤了。"幼儿文学作品就是这样，它能让孩子沉浸在情感的浓厚氛围中，去体验情感的微妙和复杂，理解情感的含蓄和克制，懂得快乐与悲伤，从而实现心理上的丰富和成长。

（二）幼儿文学是趣味盎然的快乐文学

优秀的幼儿文学作品无不妙趣横生、童趣盎然，给幼儿带来极大的快乐。这种快乐，有助于培养幼儿活泼开朗的性格和积极向上的生活态度。

首先，幼儿文学作品往往具有很强的游戏性。游戏对幼儿有着重要意义，它能促进幼儿的呼吸、循环系统的功能，加强新陈代谢，发展动作协调能力，有利于幼儿身体发育；还能增进幼儿愉快的情绪，减少忧虑和紧张的感觉，改变消极被动的态度，利于幼儿活泼开朗性格的形成。优秀的幼儿文学作品，大都带有明显的游戏性质，这一点正好契合了幼儿身心发展的需要。例如，俄罗斯作家阿·托尔斯泰的童话《大萝卜》，幼儿会反复咀嚼品味拔萝卜这一有趣的情节，如果让他们表演这个故事，他们更会全身心地投入其中，在"拔萝卜、拔萝卜、嗨呦、嗨呦拔不动"的富于节奏感的用力呼喊中，在终于拔出大萝卜的欢乐中，体会到无穷的乐趣。

案例展示厅

踢毽歌

一个毽儿，踢两半儿，
打花鼓儿，绕花儿线，
里踢外拐，八仙过海，
九十九个，一百！

点评：这首儿歌具有很强的游戏性，幼儿边踢毽子，边唱儿歌，乐趣无穷。

其次，幼儿文学的基调一般是欢快明朗的，结局一般也是圆满的。即使是少数带有悲剧色彩的作品，其情调也不是消沉的，而是美好并令人回味的。比如，嵇鸿的《雪孩子》，并没有过多地描写雪孩子为救小白兔化成了水而死去，而是描写雪孩子化成了一朵洁白的云，还跟大伙打招呼；李其美的《鸟树》也没过多地描绘鸟儿死后小朋友们的悲伤，而是着眼于孩子们的幻想——明年会长出一棵鸟树，飞出很多的小鸟。

再次，很多幼儿文学作品是"纯娱乐"的，往往不需要归纳教育意义，如日本图画书作家五味太郎的《鳄鱼怕怕，牙医怕怕》，写一只患了牙病的鳄鱼，去找牙医拔牙，可他怕疼，一点儿也不想看到牙医，但又不得不看；牙医也不想看到"凶恶"的鳄鱼，但不看也不行。于是，他们都说："我真的不想看到他！"一直到故事结束，他们的话全都一样。类似的作品，还有意大利作家罗大里的《冰淇淋宫殿》等，它们都能激发幼儿快乐的情绪，有助于幼儿形成活泼开朗的性格。

音频：《冰淇淋宫殿》

（三）幼儿文学是深入浅出的口语文学

幼儿文学是诉诸听觉的文学，"听赏"是幼儿接受文学的主要方式。这就要求幼儿文学的语言必须明白浅显、直观形象，尽量在幼儿掌握或能理解意会的词汇范围内讲述。又因为幼儿文学是在为幼儿学习语言提供示范，为他们的语言能力发展奠定基础，所以，幼儿文学作品的语言还要求规范，幼儿文学是深入浅出的口语文学。从句式上看，多用短句，少用长句；多用单句，少用复句；多用主谓结构、动宾结构、主谓宾结构，少用关联词语、复杂结构。从词形上看，多用名词、动词，少用连词、介词；多用具体形象的词，少用抽象概括的词；多用摹声、摹状、比拟、夸张、反复等修辞手法。

🅑 案例展示厅

第一组：

（1）"可怜的小女孩一动不动地站在路边。"

（2）"小女孩站在路边，一动不动，可怜极了。"

第二组：

（1）"小猫心情很不好，可小兔并不理解它。"

（2）"小猫心里很难过，可是小兔并不知道。"

思考： 比较上面两组句子，（1）句和（2）句哪一句更容易被幼儿理解和接受？

（四）幼儿文学更容易为幼儿所接受，是充满诗意的浪漫文学

幼儿文学作家总是以诗人的眼光来发现文学，用诗一般的语言来描绘幼儿富于诗意的内心世界，从而使幼儿文学成为充满诗意的浪漫文学。

　　首先，幼儿文学作品丰富的幻想和想象符合幼儿"自我中心"的思维方式，与诗歌的主观性和意象性完全吻合，使幼儿文学充满浓郁的诗意。例如，安徒生的《拇指姑娘》中的一段文字："拇指姑娘的摇篮是一个亮得发光的漂亮胡桃壳，她的垫子是蓝色紫罗兰的花瓣，她的被子是玫瑰的花瓣……水上浮着一片很大的郁金香花瓣，拇指姑娘可以坐在这片花瓣上，用两根白马尾作为桨，从盘子的这一边划到那一边。这看起来真是美极了。"丰富的联想和想象，赋予了文字无穷的画面美，给幼儿以诗意的熏陶和美的享受。

📀 案例展示厅

大雁

刘得庆

大雁排着队，
飞向南天。
是去旅游吗？
去看外婆吗？
不，
它们是去那里
驮回春天。

　　点评：这首幼儿诗不仅把大雁南飞的画面展示在幼儿面前，更从幼儿的心理出发，通过两个充满稚拙美的想象性的问句，引出"去那里驮回春天"的点睛之笔，同时表达了作者对春天的向往与热爱，情与景融合为一幅令人向往的图画，构筑了美好的诗歌意境，产生了打动人心的艺术力量。

　　其次，幼儿文学作品中充满童趣的美学特征，使其成为浪漫的文学。童趣是一种有别于成人的"特别的情趣"，它是幼儿特有的行为、动作、心理、兴趣、喜好、思想、感情在文学作品中的艺术表现，是创作者以敏锐的艺术洞察力将生活中的童趣浓缩提炼而成的艺术结晶。

案例展示厅

快住手

张继楼

你这个淘气包，

为啥要欺侮小鸟！

老师没有告诉你吗？

这样顽皮可不好。

你要是肚子饿了，

我请你吃奶油蛋糕；

你要是想做游戏，

我来当一次小鸟。

点评： 这首儿歌通过一个"打抱不平"的小孩儿和老猫的对话，把幼儿平等向善的心理状态描绘得十分真实。充满孩子气的语言与思维，令人忍俊不禁，赋予了这篇作品非同一般的浪漫情趣。

二、幼儿文学的功能

幼儿文学是启蒙文学，其主要接受对象是幼儿，幼儿受自身发展特点的局限，主要以听赏的方式接受文学，而幼儿教师是沟通幼儿与文学的最主要的媒介。因此，我们在谈及幼儿文学的功能时，应兼顾对幼儿健康成长的促进功能和对幼儿教师职业技能的提升功能两个方面。

（一）对幼儿

幼儿文学是幼儿一生中最早接触到的文学样式，是启蒙文学，它通过文学的手段，给幼儿体、智、德、美以多方面的熏陶和教育，对幼儿的性格、气质、志趣和理想的形成产生深刻而久远的影响。根据幼儿的年龄特点，从我国的教育方针出发，幼儿文学在幼儿成长中的功能，具体表现在以下几个方面。

1．扩大幼儿的视野，增长幼儿的知识

幼儿文学内容丰富，涵盖了社会和自然的种种知识，能够满足幼儿认识社会、认识自然、了解生活、明白事理等各方面的求知欲望。例如，谜语歌"有时落在山腰，有时挂在树梢，有时像面圆镜，有时像把镰刀（打一自然现象）"就是在用儿歌的形式提醒幼儿注意观察月圆月缺的自然规律；柯岩的童话剧《小熊拔牙》则是用拟人的手法告诉幼儿要讲卫生的道理。

 案例展示厅

十二月花

正月梅花香又香，二月兰花盆里装，

三月桃花红四里，四月蔷薇靠短墙，

五月石榴红似火，六月荷花满池塘，

七月栀花头上戴，八月丹桂满枝香，

九月菊花初开放，十月芙蓉正上妆，

十一月水仙案上供，十二月腊梅雪里香。

点评： 这首传统儿歌将月份与花卉结合，用儿歌的形式告诉幼儿各种花的花期；使幼儿在获得数数训练的同时，还开阔了眼界。

2．培养幼儿良好的行为习惯，为其优秀品德奠基

幼儿文学担负着培养幼儿良好生活习惯、行为习惯、优秀道德品质的任务。优秀的幼儿文学作品，能让幼儿通过语言表现的形象，下意识地产生移情心态，站在各种角色形象的立场上来体验不同的道德观念，并随着作品的诱导做出道德判断，从而养成良好的习惯，为其今后优秀品德的形成奠基。例如，郑春华的儿歌《吃饼干》——"饼干圆圆，圆圆饼干，用手掰开，变成小船。你吃一半，我吃一半，啊呜一口，小船真甜"就是在教育幼儿学会分享。

 案例展示厅

珍珍唱歌

任哥舒

一天晚上，妈妈带珍珍到陈阿姨家玩。屋里来了很多客人，又唱又笑。陈阿姨看见珍珍，对客人们说："这孩子唱歌唱得挺好。"客人们就欢迎她唱一个。

珍珍心里很想唱，可是觉得屋里人多，怪不好意思的。她就扭着腰说："嗯，嗯，我不唱。"

妈妈把她往屋子中间推："别装腔，快唱一个。"

珍珍直往妈妈身后逃，噘着嘴说："你越推，我越不唱。"客人拍了几次手，珍珍还是在扭腰。

这时，隔壁的石娃也来了。陈阿姨说："好，叫石娃唱吧！"

石娃红着脸说："我不会唱，幼儿园老师说，我一唱就跑调儿，不信问珍珍。"客人们说："跑调儿也不要紧，唱吧！"

石娃就唱了起来。他刚唱了两句，大家哄地一下笑开了，他真的跑调儿了。珍珍学着老师的样儿喊："跑调儿啦……"可是石娃还是咿咿呀呀唱下去，还挺认真呢！一唱完，大家哗哗地朝他鼓掌。

接着，大家又要珍珍唱了。珍珍说："你们统统闭上眼睛，我就唱。"

大家全都闭上了眼睛。有几位客人眼睛睁开一条缝。珍珍忙嚷："不行不行，你们朝墙坐，不准回头瞧，我就唱。"

妈妈轻轻打她一下，说："快唱，小孩子要大方。"

珍珍一扭身拖着陈阿姨，躲到隔壁屋里去了。陈阿姨喊道："珍珍在这屋子里唱，你们大家听好啊！"

可是珍珍还不唱，她在想：唱什么歌好呢？正想着，忽然听见石娃又在唱了，还有人替他打拍子。珍珍赶紧捂上耳朵说："真难听，真难听！"等石娃唱完了，客人们又哗哗地给他鼓掌，还叫石娃再唱一个。珍珍想，你们到底还听不听我唱呀？两颗大大的泪珠，啪啪地落到了地板上……

点评： 这是一篇既有情节又突出人物刻画的幼儿生活故事。作品借用小说刻画人物的手法，把珍珍"扭腰""撅嘴""逃""躲"的动作行为，要大家"闭眼""转身"的苛刻条件，以及"跑调儿啦""真难听"的埋怨和不服气，淋漓尽致地展现出来，一个忸怩腼腆、不愿意展现自己的幼儿形象给人留下了深刻印象。石娃的陪衬也恰到好处，他与珍珍鲜明的对比，可以帮助幼儿们克服羞怯，让他们学会勇敢大方地面对一切。

3．丰富幼儿的语言与情感，提高幼儿的思维和想象能力

幼儿文学的语言不仅浅显明白，而且生动规范。幼儿可以从中学到大量的词汇、语法和多样化的表达方式。例如，儿歌和绕口令有助于他们正确地掌握字音；幼儿诗有助于培养和训练他们表达情感的能力；幼儿童话和故事可以供他们讲述，发展他们的连贯性语言等。

与此同时，幼儿的情感非常丰富，也最容易被感染。优秀的幼儿文学作品能够帮助幼儿体会多样的情感，提升想象和思维能力。

ⓑ 案例展示厅

鱼儿的妈妈

柯岩

天黑啦，天黑啦！

钓鱼的，回家吧！

你的妈妈在等你；

鱼儿的妈妈，在等它。

点评： 这首幼儿诗语言朴素、简练，富于想象力，具有形象性和动感，同时又融入了幼儿情趣。两个"等"字，道出了钓鱼者的妈妈和鱼儿的妈妈对孩子平安归来的期盼，勾起了幼儿对小动物的怜惜、对妈妈的挚爱与深情。

4．培养幼儿的美感，提升幼儿的审美能力

幼儿文学本身就是美的文学、美的教育。幼儿能够理解的语言中，含有丰富的感性形象，幼儿通过语言表现的形象，逐渐达到从抽象符号向感知形象的过渡：海底有"龙宫"，天上有"月宫"，遥远的森林里有"七个小矮人"，在幼儿的审美想象里，世界神奇而美丽。幼儿文学在培养幼儿知觉审美能力的同时，还用语言向幼儿们明确提示了各种审美标准，使幼儿不仅能够从直觉上感知到什么是美，而且能够清楚地明白怎样表达美。

案例展示厅

当最后一片樱槐花的花瓣从枝丫上掉下来的时候，西天的晚霞灿烂如枫。妈妈说，云霞是天姑娘的衣裳，她一年四季都在更换着不同的装束，秋装是天姑娘最美的衣裳，绚丽多彩、雍容华贵……

——陈磊《蓝皮兔的故事》

点评： 故事开篇优美干净的语言，丰富浓郁的色彩对比，强烈的画面冲击，配以老师深情的朗诵，使孩子们很容易意识到这就是"美"。

5．陶冶幼儿的情操，培养幼儿活泼开朗的性格

优秀的幼儿文学作品总是充满着欢快明朗的基调，充满着幼儿情趣。在幼儿文学作品中，简明活泼的语言、鲜明生动的形象、绚丽多彩的画面、新奇有趣的情节、机智幽默的情趣、温馨和谐的氛围，都能带给幼儿无穷的快乐。它是陶冶幼儿情操，愉悦幼儿身心的快乐文学，有助于塑造幼儿活泼开朗的性格。例如，林武宪的儿歌《鞋》——"我回家，把鞋脱下；姐姐回家，把鞋脱下；哥哥、爸爸回家，也都要把鞋脱下。大大小小的鞋像是一家人，它们依偎在一起，说着一天的见闻；大大小小的鞋，就像大大小小的船，回到安静的港湾，享受家的温暖"，从日常生活中司空见惯的"鞋"入手，采用比喻的手法，巧妙地将家庭的和谐与温馨带入朴实的文字中，给幼儿以美的感受。

⑧ 案例展示厅

我的爸爸站着的时候，就像一座楼：脚是第一层；手是第二层；肩是第三层。我要使出爬山的劲，才能爬上爸爸这座楼。我的爸爸躺着的时候，就像一条船：脚是船尾；头是驾驶台；身体是又宽又大的甲板。无论我在甲板上翻跟头还是跑步、跳高，爸爸这艘船总是稳稳的。要是我一摁他的鼻子，他还会发出和大轮船一样的汽笛声：呜呜……

——郑春华《很大很大的爸爸》

点评： 这是一篇幼儿散文。在幼儿眼睛里，爸爸大得就像一座楼、一条船，他们可以任意地在爸爸身上玩耍、嬉戏。作者用幼儿的眼光、幼儿的心理、幼儿的想象，表达幼儿的生活体验和感受，流露出稚嫩而神秘的自豪感，使幼儿找到快乐的情绪体验。

（二）对幼儿教师

焕发着人性理想光辉的幼儿文学作品从内容到形式都对正在成长的幼儿有着极其重要的作用。那些或清新或热闹的作品有着其他文学作品无法企及的审美、认知、教育和娱乐功能。而幼儿教师作为引导幼儿阅读这些作品的媒介，其幼儿文学素养的有无与高低将直接关系到幼儿文学的传播效果。

学好幼儿文学，可以培养幼儿教师良好的文学素养，提升他们的专业精神和责任感，提升他们的教学水平，同时，更便于他们和幼儿进行沟通。

1．良好的幼儿文学素养能够提升教师的专业精神和责任感

幼儿教师在日常教育教学活动中要注重学习，自觉建立起正确的教育理念，树立以人为本的教育思想，从人文关怀的高度塑造幼儿的完美人格，发展幼儿的个性特长，理解幼儿、尊重幼儿，时时注意幼儿的精神需要和情感变化，随时调整自己的儿童观和教学策略。而这些教育思想和理念普遍存在于优秀的幼儿文学作品中，只有善于学习的教师才可以从中获得有益的启迪。

📖 知识窗

　　幼儿富于感性化的心理特点与许多幼儿文学作品感性化的特点是相对应的。幼儿教育活动不能单纯用道德教化和思想提纯来完成，而应借助幼儿文学的人文性功能，以寓教于乐的方式让幼儿在潜移默化的过程中接受正确的思想引导。

2．良好的幼儿文学素养能够提升教师的教学水平

幼儿文学作品有其自身独特的美学和理论体系。教师认识和了解了幼儿文学的文体特点和艺术特征后，将这些原理和规律运用到教学中，可以形成文学教学的特色，提升教学质量。例如，幼儿教师只有了解了幼儿文学的艺术特征，才能够设计出符合教材内容和幼儿接受特点的教学方案，让幼儿在幼儿文学亲切温暖、富于幻想的氛围中认识世界、了解生活，提高思维能力、语言能力和审美能力，形成开朗、活泼的性格。再如，幼儿教师只有了解了幼儿文学的发展历史，才能全面、系统地认识和理解幼儿文学，判断不同时期的幼儿文学作品所体现出的儿童观和教育意义，然后选择有针对性的幼儿文学作品进行课堂教学，同时，准确把握不同时期、不同作家作品的内在含义，以丰富的教学内容和形式，提升教学质量。

3．良好的幼儿文学素养能够帮助教师更好地和幼儿沟通

幼儿教师良好的幼儿文学素养能够在沟通中让幼儿意识到自己在这个世界上的价值和能力，使其乐于与教师进行情感和认知上的交流。例如，看到一个幼儿在墙上画了一只青蛙，有的教师会直接处罚幼儿，警告其以后不许在墙上画青蛙；而有的教师则不急于做出评价，他们会采取宽容的态度，先问清楚幼儿为什么要把青蛙画在墙上而不是纸上，再对问题进行处理，处理过程也会尽量顾及幼儿内心真实的想法，只有当教师具备良好的幼儿文学素养，才能够理解幼儿的审美选择，并尊重幼儿独特的精神世界和精神生活。

 **知识窗**

幼儿教师与幼儿的沟通是两者通过交流，在情感和认知上达成一致的过程。

综上所述，我们发现，学习幼儿文学可以帮助幼儿教师培养初步的文学鉴赏能力和改编、创作能力，提升其幼儿文学素养，为其更好地从事幼儿园教育教学活动打下坚实的基础。那么，怎样才能学好幼儿文学呢？

三、幼儿文学学习方法

（一）运用积累的方法

作为一名幼儿教师，在学习幼儿文学这门课程时，首先应该系统地掌握幼儿文学的基础知识，了解幼儿文学的历史发展，阅读一定数量的中外优秀幼儿文学作品，并将阅读作品与学习基础知识相结合。因为阅读作品可以丰富我们对幼儿文学的感性认识，而学习基础知识则可以提高我们对幼儿文学的理性认识。

（二）运用比较的方法

1. 幼儿文学与成人文学的比较

幼儿文学作为文学的一个分支，与成人文学相比，具有文学的一般特性，符合文学创作的一般规律。但与此同时，由于接受主体的年龄特点和知识水平等方面都存在差异，所以二者在本质、特征、功能和文体等方面也有着某些区别。例如，幼儿文学作品中的想象更倾向于幼儿的泛灵观念和自我中心思维，而成人文学作品中的想象则往往和逻辑推理混合在一起。

2. 幼儿文学各种体裁的比较

通过前面的介绍，我们已经知道，幼儿文学受幼儿思维和心理发展特点的制约，其文体主要包括儿歌、幼儿诗、童话、图画故事等几种形式。但这几种文体之间的分类并不是绝对的，例如，幼儿诗中也有幼儿童话诗，幼儿童话中也有诗体童话等。这就要求我们在学习幼儿文学的过程中，自觉地将幼儿文学的各种体裁进行比较，在比较中加深对各种体裁的理解。

3. 同类作品的比较

例如，民间童话是童话发展的早期阶段，它是以口头文学的形式出现的，是劳动人民的智慧结晶，在民间口耳相传。其中的角色大多是神魔妖怪，也可以是世间凡人，还有许多自然界的动物、植物。所表现的时间往往是模糊的，空间也是一个抽象的环境，经常是这样的开头：从前（或很久很久以前），在一个山谷里（或大海边、小村庄里），有一个老头儿（或渔夫、少年）……文学童话则是在汲取了大量的民间童话的营养后，由作家独立创作出来的作品，因此充满了作家的智慧和现实的影子。

4. 作家风格的比较

例如，同为童话中的幻想，卡罗尔《爱丽丝漫游奇境记》中的幻想色彩就比安徒生童话中的幻想色彩浓重得多，作者以其丰富的想象力，使这种幻想更加荒诞离奇，变幻莫测。同时，这则童话语言妙趣横生，暗含了许多典故、双关语、藏头诗等，突破了传统童话中道德说教的刻板模式，为现代童话开辟了崭新的道路。

（三）运用换位思维的方法

换位思维的方法，要求幼儿教师打破成人的思维定式，唤起自己对儿时生活的记忆，用幼儿的眼光去阅读，用幼儿的心理去体会；同时，也要用自己的思想认识和艺术修养对幼儿文学做冷静的思考、俯瞰的审视，既能跳进去"身临其境"，又能跳出来"旁观者清"。

（四）加强与相关学科课程的横向联系

加强与相关学科课程（幼儿教育学、幼儿心理学、幼儿卫生学等）的横向联系，熟练运用这些课程中的理论分析阅读幼儿文学作品，进而指导自己的幼儿园教育教学实践。此外，听话

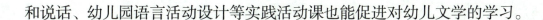

和说话、幼儿园语言活动设计等实践活动课也能促进对幼儿文学的学习。

知识三　幼儿文学期刊介绍

一、幼儿文学的三大母题

幼儿文学的三大母题：爱的母题、自然的母题和顽童的母题。

（一）爱的母题

爱的母题又可分为母爱型和父爱型两种。母爱型幼儿文学作品是"带着自己丰富的人生体验"来进行爱的传达，它采用符合儿童口味的表现形式，在审美上侧重于"审美情感的升华"，在情绪基调上是"亲切温馨"的。例如，日本作家新美南吉创作的童话《去年的树》，写一只鸟和一棵树成了好朋友，鸟儿天天唱歌给树听。冬天来了，小鸟要飞到很远很远的地方去，就和树约好，明年再到这儿来唱歌给树听。可是到了第二年春天，树不见了，只剩下了树根。树根告诉小鸟，伐木人将树锯倒，拉到山谷去了。小鸟追到山谷里，工厂的大门告诉它，树被切成细条条，做成火柴，运到村子里卖掉了。作品的结尾是很让人伤心和沉思的：鸟儿向村子里飞去。在一盏煤油灯旁，坐着一个小女孩儿。鸟儿问女孩儿："小姑娘，请告诉我：你知道火柴在哪儿吗？"小女孩回答说："火柴已经用光了。可是，火柴点燃的火，还在这盏煤油灯里亮着。"鸟儿睁大眼睛，盯着灯火看了一会儿。接着，他就唱起去年唱过的歌儿，给灯火听。唱完了歌儿，鸟儿又对着灯火看了一会儿，就飞走了。在作者淡淡的笔墨里，仅仅一年之隔，树没有了，树被锯成的细木条条也没有了，最后，小鸟只好对着与树有着间接关系的灯火唱了一遍去年的歌。

"父爱型"幼儿文学作品的最大特征是"直面人生"，它以现实的、深刻的眼光看待和处理人生中的难题，传达的是"端庄深邃"的艺术氛围。例如，美国作家约翰·斯坦贝克的《小红马》，斯坦贝克有意要让孩子们感受到乔弟的懊悔、担忧和肝胆碎裂般的痛苦，他要让读者和乔弟一样体会到世事与人生的艰难，体会到没有一种预言可以丝毫不经风险，体会到最可信赖的成人也不能保证诸事一帆风顺，体会到生活的强悍而残酷的一面。也许，不是在感恩节那天顺利地骑上了自己的小红马的乔弟，而是真正体验到了这些人生奥秘的乔弟，才更接近于一个成熟的男子汉吧！所以，这部作品，以及许多产生于世界各国的优秀的同类作品，正是斯坦贝克和他的同行们送给孩子们的充满"父爱"的礼物。

（二）自然的母题

表达自然母题的幼儿文学作品能启迪人们重新思考人类在大自然中的位置，帮助孩子们认识到大自然的神秘与伟大，激发孩子们探索大自然的激情。这类作品传达的是"悠远率真"的艺术氛围。动物小说、大自然文学、环境文学、山水诗与散文大多属于自然母题。例如，法布尔的《昆虫记》和沈石溪的《狼王梦》等。

案例展示厅

艾苏苏从三岁起就每天和赤利厮混在一起。赤利会为他在树林里找到野雉窝，捡到很多蛋；赤利会为他在和小伙伴打狗仗时争到冠军；赤利会在他捉迷藏时帮他轻而易举地找到"敌人"。

——沈石溪《第七条猎狗》

点评： 这段文字生动地交代了艾苏苏与猎狗赤利之间非同一般的情谊，为下文艾苏苏放走赤利埋下了伏笔。

（三）顽童的母题

顽童母题的幼儿文学作品指向的是幼儿与生俱来渴望自由、向往无拘无束的天性。这类作品关注的是幼儿的自由发展，它把童年看作自然的人生，并试图保持幼儿内在的热爱自由的天性。顽童母题的幼儿文学作品传达的是"奇异狂放"的艺术氛围。它通常是以新奇的艺术形象、曲折的情节来表现。顽童出奇的淘气和顽皮，甚至是淘气和顽皮带来的混乱，都可以给读者带来审美情感的高涨，引起感动或是兴奋，如瑞典作家林格伦的《长袜子皮皮》三部曲和《小飞人卡尔松》三部曲就是属于此类型的典型作品。

二、幼儿文学期刊介绍

1.《小朋友》

《小朋友》创刊于1922年，是我国创刊最早的名牌刊物。半个世纪以来，它得到众多著名作家和画家的关爱和支持，深受中国几代儿童的喜爱，培养和造就了一大批年轻作家和文学爱好者。

《小朋友》每月3日出版，是一本以幼儿园大班及小学低年级读者为对象的全彩色综合性画刊，栏目丰富，其童话精彩有趣，大多在千字以内。

2.《幼儿园》

《幼儿园》创刊于 1979 年，是中国第一份关注幼儿心智平衡发展的专业幼儿期刊，由国家一级出版社明天出版社主办。杂志以 3～6 岁幼儿、幼儿家长及教师为读者对象，分为上半月"故事刊"和下半月"智能刊"。《幼儿园》被誉为"3～6 岁幼儿的好朋友，家长、老师的好助手"，陪伴几代小读者度过了快乐的童年。

3.《小星星》(低年级版)

《小星星》创刊于 1980 年，是一份面向广大少年儿童的，集文学性、知识性、趣味性于一体的少儿品牌期刊。它以"素质教育的前沿，创新时代的强音"为宗旨，主张"张开想象的翅膀，放飞创造的心灵"，体现出时尚、活泼、简洁、明快的风格。

4.《幼儿画报》

《幼儿画报》创刊于 1982 年，由中国少年儿童新闻出版总社主办。自 2009 年开始，读者对象调整为 3～7 岁幼儿及其老师、家长。

《幼儿画报》以教育部颁布的《幼儿园教育指导纲要》为指导，树立高度的责任感，创设适合中国幼儿身心发展的栏目及内容，如《红袋鼠的自我保护故事》《好习惯故事》《宝宝唱成语故事》《奥运城堡漫游记》等栏目。每篇故事均由著名幼儿教育专家指导，深受广大读者的喜爱和肯定，是幼儿的好朋友、老师和家长的好助手。自 2004 年起，《幼儿画报》改为旬刊。

5.《大灰狼》

《大灰狼》创刊于 1987 年，由二十一世纪出版社主办，著名童话作家郑渊洁命名，杂志为半月刊。上半月刊为《大灰狼画报》，适合幼儿园及小学低年级孩子（3～7 岁）阅读；下半月刊为《小太阳画报》，适合入园前孩子（0～3 岁）阅读。画报始终坚持"给孩子快乐和想象"的办刊宗旨，故事想象奇特，深受家长和孩子们的欢迎。

6.《幼儿故事大王》

《幼儿故事大王》创刊于 1994 年，由浙江少年儿童出版社出版，是一本图文并茂、适合 2～6 岁幼儿和家长亲子共读的半月刊幼儿故事杂志。杂志将"听读"和"阅读"结合，培养孩子爱和感恩的情感，让孩子积累幸福、快乐的人生体验，鼓励孩子自由想象与表达，培育孩子的创造力，让孩子全面、健康地成长。

7.《东方娃娃》

《东方娃娃》于 1999 年创刊，是由凤凰出版传媒集团倾力打造、江苏少年儿童出版社和南京师范大学出版社联合创办的一份幼儿杂志。

《东方娃娃》编辑部一直坚持"打开一扇阅读的门，开始一生爱的旅程"的宗旨以及"蹲下来与儿童说话"的姿态，以适合幼儿的图画书理念以及特别贴近幼儿阅读心理的编辑方式，精心打磨刊物，在刊物创意和设计上锐意进取、独树一帜，力图改变中国孩子的阅读现状并提升他们的阅读品位，为他们身心的健康成长提供高质量的"精神营养"。《东方娃娃》分为《东方娃娃智力刊》和《东方娃娃绘本刊》，是中国唯一发行海外、具有国际影响的幼儿期刊。

8.《看图说话》

《看图说话》于1975年创刊，由上海教育出版社出版。它是我国第一本专门以3～6岁幼儿为读者对象的彩色画刊，刊登过数量可观的儿歌、童话、故事和散文，还培养了一大批幼儿文学作者，在全国有较高的影响力，现已出版400多期。

探究与实践

一、名词解释

幼儿文学。

二、简答题

1．幼儿文学的特点有哪些？
2．幼儿文学的三大母题是什么？

三、论述题

为什么说对学前教育专业的学生来说，幼儿文学既是"为幼儿"的文学，又是"为自己"的文学？

四、创作题

从今天开始，坚持阅读关注至少两种幼儿文学的期刊，并坚持每周写一篇阅读笔记（可摘抄、可反思）。

单元二

儿歌

学习目标

◆ 了解儿歌的概念与发展。

◆ 掌握儿歌的特点、分类及特殊艺术形式。

◆ 掌握欣赏儿歌的方法。

◆ 通过诵读积累大量经典儿歌，学会创编儿歌，提高设计和开展课堂教学的能力。

情境导入

刚进入幼儿园时，幼儿没有经过训练，不会叠衣服，经常乱丢乱放衣服。这时，教师就可以借助有趣的儿歌帮助幼儿学会叠衣服。

叠衣服

两扇大门关一关，

两只小手抱一抱，

点点头，弯弯腰，

我们的衣服叠好了。

教师带领幼儿边吟诵儿歌边拿起衣服做示范，不仅给幼儿带来视觉上的直观体验，而且在诵读儿歌的过程中，也加深幼儿对叠衣服顺序的印象。

从我们出生之日起，便在妈妈轻哼的摇篮曲中逐渐成长，你还记得儿时吟唱过的儿歌吗？

小老鼠，上灯台。偷油吃，下不来。喵喵喵，猫来了。叽里咕噜滚下来。

小白兔白又白，两只耳朵竖起来，爱吃萝卜和青菜，蹦蹦跳跳真可爱。

儿歌是人一生中最早接触的文学样式之一，是幼儿成长过程中不可缺少的精神食粮。它们就像第一粒诗之花种、第一瓢美之甘露、第一束爱之光泽，能唤醒儿时的记忆，融入幼儿的世界，滋润他们的心灵，传递无限的快乐，是幼儿文学中不可或缺的一部分。

●●●●●　活动一　认识儿歌　●●●●●

一、儿歌的概念与发展

（一）概念

　　儿歌是一种适合幼儿听、赏、诵、唱，形体短小的歌谣，是幼儿最早接触的文学样式。作为一种口头文学样式，在幼儿文学中，儿歌最具有人之初文学的意义。从呱呱坠地开始，幼儿就与儿歌相依相伴，可以说，有孩子就有儿歌。聆听着轻快悦耳的童谣，吟唱着朗朗上口的儿歌，孩子们度过了纯真美好的幼年时光。

⑥ 案例展示厅

丫头丫

丫头丫，

打蚂蚱，

蚂蚱叫，

丫头笑，

蚂蚱飞，

丫头追，

蚂蚱跳，

吓得丫头一大跳。

　　点评： 这首北京儿歌虽短，却像一个故事，有情节，有细节，唱出一幅小女孩追逐蚂蚱的嬉戏图。通过"打""叫""笑""飞""追""跳"几个口语中常用的动作描绘出了一幅欢快活泼的情态图，读者能看到孩子们欢快地在蹦跳。

（二）发展

我国儿歌历史十分悠久。可以追溯到两千多年以前。儿歌最初属于民间口头文学，经过口耳相传，一代代流传下来。

我国古代称儿歌为"童谣""童子歌""儿童谣""小儿语""孺子歌"等。"儿歌"这一称谓始于1918年北京大学歌谣研究会创办的《歌谣》周刊。现代意义上的儿歌，包括民间流传的童谣和作家创作的儿歌两部分。明代吕坤搜集整理的《演小儿语》（1593年）被视为我国第一部儿歌专集，共收录了河北、河南、山西、陕西等地的民间童谣46首。清代的郑旭旦最早提出了儿歌是"天籁"的观点，并出现了《天籁集》（郑旭旦编）、《广天籁集》（吴痴生编）等优秀儿歌集。清末意大利传教士威达雷（Vitale）还收集了流传于北京的170首儿歌，并于1896年出版了《北京儿歌》，将中国童谣介绍到了欧美。中华人民共和国成立后，儿歌的创作出现了欣欣向荣的景象，20世纪50年代被誉为我国儿歌创作的黄金时期，这一时期，先后涌现出鲁兵、圣野、张继楼、柯岩等一大批热心儿歌创作的作家，他们为繁荣我国儿歌的创作做出了重要的贡献。

儿歌作为幼儿文学中最重要、最成熟的一种文体，是人一生中最早接受的文学样式。千百年来，它以和谐的音韵、鲜明的节奏、短小精悍的篇幅、通俗易懂的语言、丰富的趣味性和娱乐性，就像第一粒诗之花种、第一瓢美之甘露、第一束爱之光泽，成为孩子们成长过程中不可缺少的精神乳汁。1976年，在比利时举行的国际诗歌会议，将每年的3月21日定为"世界儿歌日"。

二、儿歌的特点

"耳口相授传万代，它是长生不老歌"，儿歌之所以会成为人们喜闻乐见的文学样式，缘于它自身独有的特点。

（一）音韵和谐，节奏鲜明

儿歌朗朗上口，是因为它具有和谐的音韵、明朗的节奏。儿歌的音韵和谐主要是指通过句子的押韵、词句的重复以及模拟声响等手段形成的音乐感。

音韵和谐是儿歌的生命。它具有三种实现方式：押韵、词句重复和使用象声词。

（1）押韵。押韵有以下四种情况。

①连韵（句句押韵，一韵到底）。例如《弯弯腰》：

弯弯腰，

弯弯腰，

弯成一只大香蕉。

②隔行押韵（一般是首行及偶数行押韵）、几行一转韵（转韵要自然和谐）。例如传统儿歌《宝石光光》：

> 星星，月亮，
>
> 抬头望望，
>
> 摘来点灯，
>
> 宝石光光，
>
> 借来梳头，
>
> 照我模样。

这首儿歌隔行押"ang"韵，听感响亮，再加上叠词"望望""光光"的使用，产生了悦耳动听的乐感，读起来十分上口，便于幼儿口头传诵。

③变换韵脚（连锁调）。例如《小鸟多快活》：

> 小鸟多快活，
>
> 天上遮云朵，
>
> 云朵遮不着，
>
> 树上排排坐。
>
> 排排坐，做什么？
>
> 嘀里嘀里学唱歌。

④用一字押韵——一字韵。例如《好孩子》：

> 擦桌子，抹椅子，
>
> 拖得地板像镜子，
>
> 照出一个小孩子。
>
> 小孩子，卷袖子，
>
> 帮助妈妈扫屋子，
>
> 忙得满头汗珠子。

（2）词语、词句的回环复沓以及直接模拟声响也是形成儿歌音韵和谐不可忽视的手段。例如金波的《雨铃铛》：

> 沙沙响，沙沙响，
>
> 春雨洒在房檐上。
>
> 房檐上，挂水珠，
>
> 好像串串小铃铛。
>
> 丁零当啷，丁零当啷，
>
> 它在招呼小燕子，
>
> 快快回来盖新房。

　　金波的《雨铃铛》这首儿歌，不仅选择了发音开口大、响亮的"ɑng"韵母作为韵脚来取得音韵效果，还调动了各种艺术手段，使作品飘荡出优美的韵律；运用了"沙沙响、沙沙响"的词语反复，采用"房檐上"接"房檐上"的重复；使用了叠音词"串串""快快"，还反复运用了音响质感十分突出的象声词"丁零当啷"。由于多种手段的共同作用，这首儿歌产生了奇妙的音乐效果，唤起了幼儿听觉的直感，仿佛淅淅沥沥的春雨声、丁零当啷的铃铛声就在耳边。

　　节奏鲜明是儿歌的灵魂，没有节奏就无所谓儿歌。儿歌节奏鲜明的音乐感主要通过句式的整饰、句式的变化以及字数的变化等来实现。例如《小金鱼》：

小金鱼，××× |

水里游，××× |

快快活活头碰头，×××× | ××× |

鲜明的节奏由诗句的停顿构成明显的节拍。节拍有以下三种构成情况。

①节拍字数一致。例如《排排坐》：

排排坐，吃果果，

你一个，我一个，

弟弟睡了留一个。

②节拍字数不一致。例如《狗熊打蚊子》：

蚊子叮，脸上痒，

狗熊抬手就一掌！

蚊子没拍住，

嘴巴打得响。

③节拍不固定。例如《小猴上楼梯》：

猴，

猴，

上高楼，

一落脚，

踩着球，

叽里咕噜滚下楼！

小猴爬起嘻嘻笑，

它说练练翻跟头。

（二）通俗易懂，篇幅短小

儿歌的主要接受对象是幼儿。由于幼儿的思维、语言等尚处于人生的起步阶段，所以儿歌要浅显易懂、简明扼要。例如赵家瑶的儿歌《爬》：

> 爬台阶，
>
> 往上爬，
>
> 往上爬，
>
> 回头瞧，
>
> 爸爸妈妈没我高。

短短的五行诗，仅十九个字，短小、简练，很切合婴幼儿的口吻，活脱脱地写出了刚学会走路的娃娃热切希望自己快快长大心理特征，使幼儿在欢快活泼的童趣中受到智慧的启迪和美的熏陶。例如谜语儿歌《雨》：

> 千条线，
>
> 万条线，
>
> 掉到水里看不见。

这首传统儿歌用一组"三三七"的句式就生动活泼地写出了下雨这一自然现象，同时还很巧妙地揭示了雨水和河水的相关之处，内容单纯，形式却不单调，显得情趣盎然。

（三）歌戏互补，富于情趣

儿歌与游戏相辅相成，唱儿歌不做游戏显得单调乏味，而做游戏不唱儿歌又觉得呆板扫兴，唱诵、嬉笑总是不可分离的，所以，儿歌具有组织游戏的作用。例如柯岩的《坐火车》：

> 小板凳，摆一排，
>
> 小朋友们坐上来。
>
> 我的火车跑得快，
>
> 我当司机把车开。

（轰隆隆隆，轰隆隆隆，呜！呜！）

> 抱洋娃娃的前边坐，
>
> 牵小狗熊的往后挪。
>
> 皮球积木都摆好，
>
> 大家坐稳就开车。

（轰隆隆隆，轰隆隆隆，呜！呜！）

> 穿大山，过大河，
>
> 火车跑遍全中国。

大站小站我都停，

注意车站可别下错。

（轰隆隆隆，轰隆隆隆，呜！呜！）

哎呀呀，怎么啦？

你们一个也不下？

收票啦，下去吧，

让别人上车坐会儿吧！

（轰隆隆隆，轰隆隆隆，呜！呜！）

柯岩的《坐火车》，写孩子们把小板凳摆成一排，当作火车，模仿开火车。孩子们有扮司机的，有扮乘务员的，有扮抱着娃娃的"妈妈"的，有扮牵小熊的乘客的。火车"轰隆隆隆，轰隆隆隆，呜！呜！"鸣叫着穿大山，过大河，到车站下车，乘务员收车票招呼乘客，热闹无比。这分明是一个与孩子心理相适应的，让孩子在模仿中学习生活的"模仿游戏"。孩子完全可以在欢快的游戏中一边念儿歌，一边"开火车"，既得到语言的训练，获得吟唱的快感，又获得游戏的愉悦和乐趣。例如传统儿歌《拉大锯》：

拉大锯，扯大锯

姥姥家，唱大戏

接闺女，请女婿

小外孙子也要去

今儿搭棚，明挂彩

羊肉包子往上摆

不吃不吃吃二百

这是一首让幼儿随着节奏不断摇晃的伴奏歌谣。这样的儿歌生活中有很多。

手指谣也是一种游戏歌。手指谣是一种把儿歌与手指游戏相结合的游戏儿歌。手指谣可以训练幼儿手指动作的协调能力。例如《小手拍拍》：

小手小手拍拍，我的小手举起来

小手小手拍拍，我的小手拍起来

小手小手拍拍，我的小手藏起来

小手小手拍拍，我的小手合起来

小手小手拍拍，我的小手转起来

同样，一些儿歌的特殊形式，如绕口令、连锁调、字头歌、颠倒歌等一旦和游戏结合，也会在天然谐趣之中显出幽默，使儿歌的趣味性更为突出。

总之，儿歌如同玩具、游戏一样，是幼儿天然的朋友。当这个天然的朋友对幼儿来说是有趣的、好玩的时候，他们才乐于听、喜欢念。

三、儿歌的分类和特殊形式

（一）分类

根据不同的标准，儿歌也有不同的分类。

1．按照儿歌的来源划分

从儿歌的来源划分，儿歌可分为民间流传的儿歌和作家创作的儿歌。

（1）民间流传的儿歌。例如，儿歌《五指歌》："一二三四五，上山打老虎。老虎没打到，打到小松鼠。松鼠有几只？让我数一数。数来又数去，一二三四五。"这首儿歌篇幅短小，结构简单，内容浅显，音韵和谐，画面感十足，易诵易记。

（2）作家创作的儿歌。作家创作的儿歌有很多，如胡木仁的《弹钢琴》："黑屋子，白屋子，小手儿，敲敲门，屋子跑出七兄弟，1、2、3、4、5、6、7。"作者把儿歌的琴键想象成一个个小屋子，娃娃们的手指来"敲门"，屋子里跑出了一串串小音符！这首知识性、教育性儿歌想象奇特，构思巧妙，非常有趣。

2．按照儿歌的主题划分

从儿歌的主题角度划分，儿歌可分为知识性儿歌、教育性儿歌和游戏性儿歌。

（1）知识性儿歌。知识性儿歌大多是咏物的，抓住事物的突出特征，用最简明形象的语言加以描绘。例如圣野的《水仙》：

> 水仙水仙，
>
> 来到我家，
>
> 只喝清水，
>
> 不吃泥巴。

（2）教育性儿歌。教育性儿歌，则寓教于乐。儿歌虽然短小，却是集德育、智育、美育于一体的万花筒。在亲情生活中，通过教唱儿歌，潜移默化地把正确的行为规范灌输给幼儿，使幼儿从小建立良好的生活作风，养成良好的礼貌习惯，的确不失为一种寓教于乐的好形式。例如徐焕云的儿歌《小狗》：

> 小狗，小狗，
>
> 毛脚，毛手，
>
> 早晨洗脸，
>
> 湿了袖口；
>
> 中午喝汤，

烫了舌头；

晚上睡觉，

掀了被头。

这首儿歌以连锁调的形式写了一个风趣的小故事，寓意不言自明。儿歌里的小狗就是一个活灵活现的小孩子形象。

（3）游戏性儿歌。游戏性儿歌，又称为趣味性儿歌，以童趣为中心，注重奇妙的想象。例如鲁兵的《背小猪》：

背小猪，背小猪，

我的小猪胖嘟嘟。

谁来买，快快来，

妈妈说她不要买。

谁来买，快快来，

外公说他没有钱。

只有外婆眯眯笑，

"人家不买我要买。"

她把小猪抱过来，

拍拍小屁股，

摸摸小脑袋，

她叫小猪好乖乖。

这首儿歌用富于情趣的形式表现亲子之间的感情。

3．按照儿歌的形式划分

从儿歌的形式角度划分，在结构上，儿歌没有一成不变的固定形式，可分节，也可不分；多用三言句式、四言句式和五言句式，也可用六言句式、七言句式和杂言句式，呈现出多种多样的结构形态。

（1）三言句式儿歌。三言句式儿歌，诗句全由三个字构成，这也是儿歌最古老的句式之一，例如李先轶的《看月亮》：

初一看，一条线。

初二三，眉毛弯。

初五六，挂银镰。

初七八，像小船。

初九十，切半圆。

十五六，像玉盘。

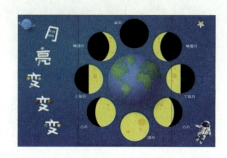

（2）四言句式儿歌。四言句式儿歌，每句由四个字构成，例如林颂英的《石榴》：

> 石榴婆婆，
> 宝宝最多。
> 一个一个，
> 满屋子坐，
> 哎哟，哎哟，
> 小屋挤破。

（3）五言句式儿歌。五言句式儿歌，每句由五个字构成，例如北京儿歌《天上星啦斗》：

> 天上星啦斗，
> 地上鸡啦狗，
> 园里葱啦韭，
> 塘里鱼啦藕。

（4）六言句式儿歌。六言句式儿歌，每句由六个字组成，例如喻德容的《丫丫》：

> 丫丫种下花花，
> 每天都要看它，
> 是否长高长大，
> 什么时候开花？
> 妈妈每天回家，
> 总要亲亲丫丫，
> 摸摸她的头发，
> 盼她快快长大。

（5）七言句式儿歌。七言句式儿歌，每句由七个字组成，例如《狐狸做衣裳》：

> 狐狸做件花衣裳，
> 大家都说真漂亮。
> 小熊上街来买布，
> 照样剪裁忙啊忙。
> 一样领，一样袖，
> 尺寸大小全一样。
> 做完新衣试一试，
> 穿了半天穿不上。
> 量量身体才明白，
> 小熊要比狐狸胖。

（6）杂言句式儿歌。杂言句式儿歌，句式长短不一，节奏和谐有变化，例如江西儿歌《鹅大哥》：

鹅大哥，

红帽子，

白围脖，

摇摇摆摆上山坡。

请你进来坐一坐。

我要问问你，

哦呜！哦呜！

唱的什么歌。

这首《鹅大哥》由二言、三言、五言、七言句式构成，活泼灵动，节奏错落有致。

（二）儿歌的特殊艺术形式

儿歌除一般的艺术形式外，还有许多在长期的流传过程中，经过优胜劣汰而形成的特殊形式，现主要介绍以下几种。

1. 摇篮曲

摇篮曲又称为摇篮歌、催眠曲、抚儿歌，指哄孩子睡觉时由母亲或其他成人吟唱的儿歌。摇篮曲所表达的感情较为朴素，其内容一般有母亲对孩子的爱抚和安慰，有母亲对孩子命运前途的祝福等。在艺术传达上，摇篮曲具有内容通俗浅显、形象生动优美、结构严谨自然、节奏柔和舒缓、语言柔美流畅等特点。摇篮曲带给孩子们的满足感、安全感是这种文学样式普遍受欢迎的重要基础。生活中的摇篮曲对于孩子的作用在"声"而不在"义"，通过柔和舒缓的吟唱给孩子们以最早的、最美的熏陶。例如黄庆云的《摇篮》：

蓝天是摇篮，

摇着星宝宝，

白云轻轻飘，

星宝宝睡着了。

大海是摇篮，

摇着鱼宝宝，

浪花轻轻翻，

鱼宝宝睡着了。

花园是摇篮，

摇着花宝宝，

风儿轻轻吹，

花宝宝睡着了。

妈妈的手是摇篮，

摇着小宝宝，

歌儿轻轻唱，

小宝宝睡着了。

作品分四个层次，从蓝天、大海、花园、妈妈的手四方面层层吟诵，舒缓的节奏，传达出温馨、恬静之美，生动地表现了母亲对孩子亲切的关怀和温存的爱抚，是从母亲美丽的心灵中自然流淌出来的心声。

2. 游戏歌

游戏歌是配合婴幼儿做游戏时吟唱的歌谣。游戏是幼儿最喜欢的活动方式，在游戏中朗诵儿歌，可以增强游戏的娱乐性和幼儿的愉悦感，同时，也使游戏轻松易行。四川民间童谣《斗虫虫》就是婴幼儿玩的游戏歌："斗虫虫，咬手手，虫虫虫虫——飞！"在生活中，妈妈可以一边念儿歌，一边握住婴幼儿的双手，两手食指相点，念到"飞"的时候，把两手指分开。这样能帮助婴幼儿锻炼手指的灵活性，培养他们精细运动的能力，刺激其大脑发育。

杨慎所编的《古今风谣》里，记录了文字所见最早的游戏歌《脚驴斑斑》：

脚驴斑斑，脚踏南山，

南山北斗，养活家狗，

家狗磨面，三十弓箭，

上马琵琶，下马琵琶，

驴蹄马蹄，缩了一只。

例如现代儿歌《拍手谣》：

你拍一我拍一，天天早起炼身体。

你拍二我拍二，天天要带小手绢。

你拍三我拍三，洗澡以后换衬衫。

你拍四我拍四，消灭苍蝇和蚊子。

你拍五我拍五，有痰不要随地吐。

你拍六我拍六，不要乱丢果皮屑。

你拍七我拍七，吃饭细嚼别着急。

你拍八我拍八，手绢纸巾向下压。

你拍九我拍九，饭前便后要洗手。

你拍十我拍十，身体长得真结实。

3. 问答歌

问答歌又称为对歌、盘歌、猜谜调，是指以设问作答的方式，引导孩子认识事物或一定道理的传统儿歌形式。孩子吟唱问答歌，能引起他们的思考、联想，从而得到知识的启迪和美的享受。有问有答是问答歌的基本特点。例如广西传统儿歌《谁会跑》：

谁会跑？

马会跑。

马儿怎样跑？

四脚离地身不摇。

谁会飞？

鸟会飞。

鸟儿怎样飞？

扑扑翅膀去又回。

谁会爬？

虫会爬。

虫儿怎样爬？

许多脚儿慢慢爬。

谁会游？

鱼会游。

鱼儿怎样游？

摇摇尾巴调调头。

例如《谁的耳朵》：

谁的耳朵长？

谁的耳朵短？

谁的耳朵遮着脸？

驴的耳朵长，

马的耳朵短，

象的耳朵遮着脸。

谁的耳朵尖？

谁的耳朵圆？

谁的耳朵听得远？

猫的耳朵尖，

猴的耳朵圆，

狗的耳朵听得远。

这两首儿歌，前者采用一问一答的形式，以有问必答的形式分别道出不同事物的特征；后者采用连问再答的形式，以一组问引出一组答，并以此介绍不同的事物，从而引导孩子在比较中了解事物，培养他们观察和分辨事物的能力。为了便于孩子把握，连问再答式的问答歌对问答的设计一般不超过四组，即每首儿歌最多不超过四组问四组答。

4. 连锁调

连锁调又称为连珠体、连环体、连句、衔尾式，是一种运用特殊修辞、结构、用韵手法构建诗文体式的传统儿歌形式。

"顶针续麻"是连锁调修辞上的特征，即前一诗句尾词作为后一诗句的首词，"随韵黏合"是连锁调结构上的特征，即每两句为一层次，每层次上句起韵，下句以此韵落音，无论上下两句在内容上有无关联，都靠韵把上下两句"黏"在一起。"中途换韵"是连锁调押韵上的特征，即每个层次都换一个韵脚。"无意味之意味"是连锁调主题表现上的特征，特别是传统的连锁调，一般不表现一个突出的中心思想，其意味常在于作品形式的特殊性或内容的诙谐幽默所造成的趣味性上。

在全国广泛流传的儿歌《唐僧骑马咚那个咚》便是最能体现连锁调上述特征的作品。

🎦 案例展示厅

视频：《唐僧骑马咚那个咚》

唐僧骑马咚那个咚

唐僧骑马咚那个咚，
后面跟着个孙悟空，
孙悟空，跑得快，
后面跟着个猪八戒，
猪八戒鼻子长，
后面跟着个沙和尚。
沙和尚，挑着箩，
后面跟着个老妖婆。
老妖婆真是坏，
骗了唐僧和八戒。
唐僧八戒真糊涂，
一糊涂就上了当，
多亏孙悟空眼睛亮。
眼睛亮，冒金光，
高高举起金箍棒。
金箍棒，有力量，
妖魔鬼怪消灭光。
——消灭光！！

点评:《西游记》是幼儿们熟悉的作品，里面的人物耳熟能详，儿歌里的情节也是在西天取经路上发生的故事。内容看似很长，但是因为连锁调形式的存在，使这首儿歌吟诵起来非常的轻松。"孙悟空""猪八戒"的形象也被刻画得淋漓尽致。同时充盈着游戏精神和喜剧色彩，可以反复吟诵，意味无穷。这种"顶针续麻""随韵黏合""中途换韵"的艺术处理手段和"无意味之意味"的文本特征，使儿歌在内容的表现上显示出跳跃性特点和极具幽默意味的"喜"的美学风格。

5. 颠倒歌

颠倒歌也称为稀奇歌、滑稽歌、古怪歌、反唱歌，是一种使用夸张、故意颠倒手法来描述大自然和社会生活中某些事物和现象的情状，达到以表面的荒诞揭示事物本相和实质的目的的传统儿歌形式。颠倒歌可以放松情绪，使孩子在快乐的笑声中获得丰富的想象力和幽默感，也可以增强孩子的识别能力，锻炼他们从反面来联系和思考问题的逆向思维能力。例如河南传统儿歌《小槐树》：

> 小槐树，
>
> 结樱桃，
>
> 杨柳树上挂辣椒，
>
> 吹着鼓，
>
> 打着号，
>
> 抬着大车拉着轿。
>
> 蝇子踢死驴，
>
> 蚂蚁踩塌桥。
>
> 木头沉了底，
>
> 石头水中漂。
>
> 小鸡叼个饿老雕，
>
> 小老鼠拉个大狸猫。
>
> 你说好笑不好笑？

该作品想象丰富、夸张大胆，故意颠倒和混淆了各种事物之间的正常关系和顺序，不仅把自然界或社会生活中不可能发生的事情和现象，通过丰富的想象渲染得活灵活现，而且带着一种滑稽诙谐和荒诞不经的意味。

6. 数数歌

数数歌是指将数字和形象结合，通过吟唱式的数数，帮助幼儿认识数字的儿歌。数数歌的表现形式是多种多样的。有的数数歌以简单的序列数字排列而成。例如传统儿歌《七个阿姨来摘果儿》：

一二三四五六七，

七六五四三二一，

七个阿姨来摘果，

七个花篮手中提，

七个果子摆七样，

苹果、桃子、石榴、

柿子、李子、栗子、梨。

这首数数歌不仅有数字的顺序排列，有正排列，有倒排列，而且加入了水果的种类，内容丰富，朗朗上口。儿歌的句式整齐，并巧妙地利用"1""7"两个韵母相近数字做韵脚，形成有规律的落音现象，使作品韵律和谐，节奏鲜明，有着浓烈的语音意义上的美学意味。

有的数数歌音韵和谐，节奏感强。例如《趣味数数歌》：

视频：《趣味数数歌》

1像铅笔细又长，2像鸭子水中漂，

3像耳朵听声音，4像小旗迎风飘，

5像秤钩来买菜，6像哨子吹声音，

7像镰刀来割草，8像麻花拧一道，

9像勺子能盛饭，10像铅笔加鸡蛋。

这首数数歌重在帮助幼儿练习数数，通过数字形象化的概念，使幼儿产生联想，帮助幼儿又快又准地记住这些数字。老师可以带领幼儿一边吟诵，一边做动作，这样也会达到事半功倍的效果。

7. 绕口令

绕口令也称为急口令或拗口令，指有意用许多双声、叠韵词语或发音相同、相近的字词来组成具有简单意义和浓郁幽默韵味的传统儿歌形式。绕口令将近似的双声、叠韵词语或发音相同、相近的词语集合在一起，容易造成拗口的诵读难度，这种特殊的语言结构能起到帮助孩子训练口齿、活跃思维的作用，诵读者还因被要求加快诵读速度而常常出错，从而产生独特的幽默感，充满喜剧意味，能让孩子在游戏中获得审美愉悦。例如阮居平的绕口令《鸭与霞》：

湾湾水田一片霞，

水上游来一群鸭。

霞是五彩霞，

鸭是麻花鸭。

麻花鸭钻进五彩霞，

五彩霞网住麻花鸭，

乐坏了鸭，

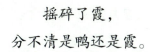

摇碎了霞，

分不清是鸭还是霞。

这首绕口令很有文学韵味。麻花鸭游进倒映着天上五彩霞光的水田，描绘了麻花鸭五彩霞相互交织的景象，展现了既生动活泼又恬静优美的贵州山乡风情，表现了充满丰收的兴奋与喜悦的情感。从绕口令的构成方面来看，"五彩霞""麻花鸭"反复出现，"五、彩"为上声连读，"花、鸭"为阴平声连读，"鸭、霞"两个词韵母相同，发音相近，排列在一起，读音相近而容易混淆，都具有拗口因素，能造成相应的趣味性。

8. 谜语歌

谜语一般由谜面（喻体）和谜底（本体）组成。谜底就是所猜测的对象；谜面则是启示猜测者的话语，往往运用比喻、拟人、描述等方法去暗示本体的特征。用儿歌形式表述谜面的谜语就是谜语歌。

物谜是谜语歌的一种，即谜底是具体事物的谜语。因为它符合幼儿具象思维的特点，所以数量最多。物谜的谜底可以是动物、植物，也可以是日常用品、人体器官等，例如：

四四方方一间房，

房里到处冰冰凉，

打开房门瞧一瞧，

鸡鸭鱼肉里面藏。（打一物品）

一张笑脸，

总是朝阳，

生的儿女多，

谁吃都说香。（打一植物）

9. 时序歌

时序歌，也称为时令歌，是指用优美的韵律来引导孩子根据时序的变化去初步认识、了解自然现象的传统儿歌。时序歌一般按照时间顺序来帮助孩子观察大自然，认识不同时节的不同景物、农事活动以及其他有时间特征的事物。其时序的表现一般有几种情况：一是春、夏、秋、冬的季节顺序；二是十二个月的顺序；三是二十四节气的顺序；四是一日之中十二个时辰或早、中、晚的顺序。其内容一般是对蔬菜、水果、花卉知识或农事活动、传统节日及民间风俗活动的介绍。时序歌依照"时序"描述事物时，也对各类与"时序"有联系的知识做概括的介绍。例如内蒙古传统儿歌《十二月菜》：

一月菠菜刚发青，

二月出土羊角葱。

三月芹菜出了土，

四月韭菜嫩青青。

五月黄瓜大街卖，

六月茄子紫英英。

七月葫芦弯似弓，

八月辣椒满树红。

九月南瓜大又甜，

十月萝卜瓷丁丁。

十一月白菜家家有，

十二月蒜苗水灵灵。

这首儿歌就是以十二个月为顺序，分别介绍蔬菜的粗浅知识。

10. 对数谣

在传统儿歌中，有一种由问答歌和数数歌结合在一起而形成的儿歌，民间叫它"对数谣"。因为对数谣一般以花卉为反映的内容，而且流传的地域很广，所以还有"十对花""对花歌""对花调""对花谣"等名称。当然，对数谣唱的不一定都是花，所以也叫"十对唱"。对数谣是融花卉知识及生长特点于优美的韵语之中的儿歌，常通过绘形绘色的生动描摹，把某花的形、色、味特点传达出来，以帮助孩子认识、把握，引发、培育他们热爱大自然和美的感情，故常与"时序歌"相结合，成为以时序来唱花卉的歌谣。对数谣的特点源自问答歌和数数歌，但与二者有着明显的不同。第一个特点是有问有答或无 问答却两两相对。"有问有答"来自问答歌，"两两相对"与问答歌似有联系，却明显不同。第二个特点是有数的排列，从一唱到十，不少也不多。"有数的排列"来自数数歌，"从一唱到十，不少也不多"与数数歌有联系，却已经不同。例如徐焕云的《数猫猫》：

一呀一，什么一？

一只猫猫上屋脊。

二呀二，什么二？

二只猫猫坐对面。

三呀三，什么三？

三只猫猫爬上山。

四呀四，什么四？

四只猫猫吃鱼刺。

五呀五，什么五？

五只猫猫玩花鼓。

六呀六，什么六？

六只猫猫滚绣球。

七呀七，什么七？

七只猫猫穿花衣。

八呀八，什么八？

八只猫猫吹喇叭。

九呀九，什么九？

九只猫猫墙上走。

十呀十，什么十？

十只猫猫捉耗子。

这首对数谣具有"有问有答"的特点，内容没有写到花卉。

11.　物象歌

物象歌又称为咏物儿歌，是描摹天然物象的儿歌。物象歌描摹的主要对象一般有三方面：动物、植物和其他自然物。物象歌最主要的内容是描摹动物，一般有两种情况：一是描摹动物生态习性的，例如传统物象歌《小白兔》：

小白兔，

长得好，

红眼睛，

后腿长，

前腿短，

走起路来轻轻跳。

爱干净，

不胡闹，

青菜萝卜吃个饱。

二是借描摹动物形象来反映孩子生活的，例如王赋春的《小海蟹》：

小海蟹，

真胡闹，

捂着脑袋横着跑。

左挤挤，

右靠靠，

不顾方向不看道。

小海蟹，

真好笑，

不用肥皂能吹泡。

灰泡泡，

黄泡泡，

脏脏泡泡满嘴冒。

小海蟹，

真糟糕，

马马虎虎来做操。

抬抬腿，

举举螯，

比比画画就拉倒。

12. 字头歌

字头歌是每句末尾的字词完全相同的儿歌。字头歌末尾的字词往往是"子""头""儿"等，以它们作为韵脚，一韵到底，具有很强的韵律感。分别称其为"子"字歌，"头"字歌，"儿"字歌，"了"字歌等。

每句以"子"字结尾的"子"字歌。例如徐青的《好孩子》：

擦桌子，

抹椅子，

拖得地板像镜子，

照出一个小孩子。

小孩子，

卷袖子，

帮助妈妈扫屋子，

忙得满头汗珠子。

每句以"儿"字结尾的"儿"字歌，例如：

小小子儿，

坐门墩儿，

哭哭啼啼要媳妇儿。

要媳妇儿干吗？

点灯说话儿，

吹灯做伴儿，

到明儿早晨，

梳小辫儿。

每句以"头"字结尾的"头"字歌，例如：

从西头，到东头，

这边来了个小老头。

着靴头，戴帽头，

腰里掖着个小斧头，

上山头，砍木头，

砍了这头砍那头，

跟上山来个小丫头，

拿着一篮小馒头。

摔了一个小跟头，

碰了丫头的花花头。

小丫头，不啼哭，

理理头，拾馒头。

找到了砍木头的小老头，

小丫头，叫老头：

"爷爷爷爷我给您送馒头。"

每句以"了"字结尾的"了"字歌。例如张继楼的《做手影》：

兔来了，

狼来了，

螃蟹爬上墙来了，

电灯一关都跑了，

电灯一开又来了。

除了以上介绍的各种形式外，儿歌中还有逗乐歌、拼音歌、故事歌、风俗谣、十字令等特殊形式。

活动二　儿歌作品导读

一、著名作家简介

（一）张继楼

张继楼，江苏宜兴人，著名儿歌与童诗创作者。生于1926年，1953年后开始了以儿歌、儿童诗为主的儿童文学创作生涯。他为幼儿写的作品有儿歌集《唱个歌儿给外婆听》《夏天到来虫虫飞》《东家西家蒸馍馍》，还有一些耳熟能详的儿歌《小蚱蜢》《错了歌》《共伞》等，幼儿诗集《在城市的大街上》。他还尝试幼儿童话、幼儿故事的创作，其中一些作品不乏幼儿情趣。

他的儿歌中有一部分是用孩子的眼睛、耳朵和心灵去观察、聆听和思索的作品，这些儿歌或幽默诙谐，或含蓄优美，较有幼儿情趣，是他儿歌中的佳品。

（二）金波

金波原名王金波，中国著名儿童文学作家。1935 年出生于北京，祖籍河北冀县（现衡水市冀州区）。1961 年毕业于北京师范学院（现首都师范大学）中文系，历任北京师范学院教授，中国作家协会儿童文学委员会委员，北京市作家协会理事，儿童文学创作委员会主任。1957 年开始发表作品。在长达 50 年的儿童文学创作生涯中，金波出版了 70 多部诗歌、歌词、童话、散文、评论作品集，许多名篇佳作被收入中小学语文课本和音乐课本。他因为成就辉煌而获得国际安徒生奖提名，成为中国文学界"最接近安徒生的人"。

（三）圣野

圣野原名周大鹿，后改名周大康。1922 年生，浙江东阳人。1945 年就读于浙江大学。1947年参加工作，担任《中国儿童时报》的编辑。20 世纪 40 年代末出版过诗集《啄木鸟》《列车》和《小灯笼》。中华人民共和国成立后曾在部队做文教宣传工作。1957 年复员转至上海少年儿童出版社，同年起担任《小朋友》杂志主编，此后长期从事编辑工作，业余创作了大量儿童诗和其他样式的儿童文学作品。出版有《欢迎小雨点》《和太阳比一比》《奶奶故事多》《春娃娃》《神奇的窗子》《竹林奇遇》等四十多本儿童诗集。一些诗作曾被多次译成外文传至国外。作品多次获全国奖。

（四）刘饶民

刘饶民（1932—1987），山东省莱阳人，是 20 世纪 50 年代的儿童诗歌作家，中共党员。1954 年毕业于山东师范学院（现山东师范大学）中文系。1945 年参加革命工作，历任莱西县（现莱西市）小学教员、校长，青岛台东六路小学教导主任，山东大学附设工农速成中学教师、教导主任，山东海洋学院语文讲师、院长办公室秘书。1949 年开始发表作品。1979 年加入中国作家协会。著有儿童诗集《写给少先队员的诗》《海边儿歌》《儿歌一百首》《百子图》《农村散歌》《孩子们的歌》等。组诗《大海的歌》获第二次全国少儿文艺创作二等奖。在其诗作中，他对海滨风情的描绘令人难以忘怀。《兔子尾巴的故事》获 1956 年江苏省少儿文艺创作一等奖，《中国古代少年佳诗赏析》获 1986 年甘肃省优秀图书奖。

（五）樊发稼

樊发稼，诗人、文学评论家。1937 年生，上海人。1957 年毕业于上海外国语大学。中国社会科学院文学研究所研究员、研究生院文学系教授，中国作家协会全国委员会委员、儿童文学委员会副主任，中国文学研究会会长。评论集《儿童文学的春天》获全国首届儿童文学理论评奖优秀专著奖；幼儿诗集《小娃娃的歌》获中国作家协会首届（1980—1985 年）全国优秀儿童文学奖；儿童诗集《春雨的悄悄话》获中国新时期优秀少儿文艺读物奖；《樊发稼作品选》获第五届冰心儿童图书奖；《将军和跳蚤》获第二届金骆驼奖；1993 年获台湾杨唤儿童文学奖特殊贡献奖。

（六）张秋生

张秋生，天津市静海县（现静海区）人，著名儿童文学家，1958 年开始发表儿歌、儿童诗。曾任《儿童时代》杂志编辑，后调至上海少年报社，任该报社副总编辑、总编辑，并兼任《童话报》主编。出版有儿童诗集《"啄木鸟"小队》《校园里的蔷薇花》《燃烧吧，篝火》《三个胡大刚的故事》《爱美的孩子》，童话诗集《小猴学本领》《小粗心奇遇》《天上来的百兽王》，童话集《小松鼠和他的伙伴们》《小巴掌童话百篇》《丫形树上的初级女巫》《鸡蛋·鸭蛋·老鼠蛋》《来自桦树林的蒙面盗》《狮子和老做不醒的梦》《强盗、精灵和巫婆的故事》等。张秋生先后获陈伯吹儿童文学奖、中国作家协会全国优秀儿童文学奖、宋庆龄儿童文学奖等。

二、经典作品导读

（一）传统儿歌《宝石光光》

宝石光光

星星，月亮，

抬头望望，

摘来点灯，

宝石光光，

借来梳头，

照我模样。

点评： 儿歌与诗歌一样，为了朗读起来音韵优美，都要做到押韵。押韵就是要求儿歌的每一行的最后一个字的收音必须是同一韵母的字。这首儿歌隔行压"ang"韵，再加上叠音词"望望""光光"的使用，产生了悦耳动听的乐感，读来十分上口，便于幼儿口头传诵。

（二）金波的《野牵牛》

野牵牛

金波

野牵牛，

爬高楼，

高楼高，

爬树梢，

树梢长，

爬东墙，

东墙滑，

爬篱笆，

篱笆细，

不敢爬，

躺在地上吹喇叭，

嘀嘀嗒！嘀嘀嗒！

点评：金波的《野牵牛》是一首"连锁调"。连锁调《野牵牛》里，和谐的音韵节奏中，语言形式的新奇感又被置换成了词语的连绵组接与意象的跳跃式闪现，这同样构成了异于生活逻辑的悖谬感。它以"顶针"的修辞手法建构全歌，即将前句的结尾词语作为后句的开头，或前后句随韵黏合，逐句相连。它没有一以贯之的中心，但节奏韵律感极强。这首儿歌旨在让儿童明白：遇到事情时，有勇气、有信心才能克服困难、做好事情。

（三）郑春华的《冬公公》

冬公公

郑春华

冬公公，

白眉毛，

吹口气，

呼呼叫，

吹得满天，

雪花飘。

点评：《冬公公》是一首短小精悍的知识儿歌，在不到20个字的篇幅里，集中笔力，突出了冬天风吹雪花飘的情景。儿歌采用了孩子们喜闻乐见的拟人手法，把冬天写成一个老公公，把呼呼的北风写成冬公公吹出的气，新颖有趣。

（四）张继楼的《翻跟斗》

翻跟斗

张继楼

小妞妞，

围兜兜，

兜兜里头装豆豆，

吃了豆豆翻跟斗。

左边翻个六，

漏了九颗豆；

右边翻个九，

漏了六颗豆。

问你翻了几个大跟斗？

再问漏了几颗小豆豆……

点评：《翻跟斗》是一首集游戏性、趣闻性、知识性于一体的儿歌。从小妞妞围兜兜开始到小妞妞装豆豆、翻跟斗再连滚带爬地去拾豆豆……浓郁的生活气息、自然真切的情意荡漾在整首儿歌中。作者以诙谐活泼的文笔、平实浅显的语言精心刻画了一个稚气顽皮、憨态可掬的幼儿形象，让孩子们在感受现实生活的童真乐趣与盎然的游戏趣味的同时，又学习辨识容易混淆的两个数字，作者的精心营造可谓独具匠心。

（五）传统童谣《摇摇摇》

摇摇摇

摇摇摇，

摇到外婆桥。

外婆叫我好宝宝；

糖一包，果一包，

少吃滋味多，

多吃滋味少。

点评：《摇摇摇》是一首主要流传在江南一带的传统童谣。整个作品篇幅虽短，情境性却很强。作品以"摇摇摇，摇到外婆桥"这一许多江南水乡童谣中常见的句式做引子，讲述了一个故事，写孩子跟着妈妈到外婆家串门时的种种情景。"摇"可以理解为坐船的母亲在怀里晃悠孩子玩耍或睡觉的动作，也可以理解为艄公在水路上摇船的动作。作品将"摇、摇、摇"连用到摇船上，使母亲的行为有了一种连贯性，也使人联想到去外婆家的一路行程和艄公的一路辛苦，烘托出一个很有韵味的意境。带孩子串门是一种社交活动，从认识生活这个层面讲，父母领着孩子从小出去串门，可以使孩子增长很多见识。"少吃滋味多，多吃滋味少"的描写，既可以理解为孩子吃糖、果的感受，又可以理解为母亲对孩子的叮嘱，透露出母亲平时对孩子的教养。作品还在"外婆叫我好宝宝；糖一包，果一包"的外婆疼爱外孙的描写中，含蓄地透露出作为母亲的孩子爱自己的母亲和作为母亲的外婆爱自己的女儿的心境。以上描写，歌颂了伟大的母爱。

（六）刘饶民的《摇篮》

摇篮

刘饶民

天蓝蓝，

海蓝蓝，

小小船儿当摇篮。

海是家，

浪做伴，

白帆带我到处玩。

点评: 这首《摇篮》以朴实精练的文字、有趣生动的形象和富有诗意的想象，为孩子精心编织了一个美丽新奇的摇篮。蓝蓝的天、蓝蓝的海、小小的船儿、飘动的白帆，令孩子在如诗如画般的境界中感受生活的美好与惬意。凭借寥寥数语，作者已将无边无际、奔腾不息的大海幻化为温馨静谧的家园，呈现于孩子眼前的是一个充溢着幼儿情趣的、令他们无限向往的快乐天地。匀称的句式、悦耳的旋律、优美的意境，令人生发无限的遐想……这一切都被作者有机统一在了和谐的儿歌世界中。

（七）任溶溶的《一首唱不完的歌》

一首唱不完的歌

任溶溶

吃了大西瓜，

瓜子种地下。

瓜子长出芽，

瓜藤随地爬。

藤上开出花，

结出大西瓜。

吃了大西瓜，

瓜子种地下……

点评:《一首唱不完的歌》是一首趣味性很强的游戏儿歌。它撷取了现实生活中吃完西瓜、留下瓜子、种到地下、瓜子发芽抽藤开花、花儿谢掉后又结出大西瓜的司空见惯的现象，辅之

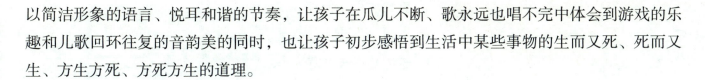

以简洁形象的语言、悦耳和谐的节奏，让孩子在瓜儿不断、歌永远也唱不完中体会到游戏的乐趣和儿歌回环往复的音韵美的同时，也让孩子初步感悟到生活中某些事物的生而又死、死而又生、方生方死、方死方生的道理。

（八）张秋生的《半半歌》

半半歌

张秋生

有个孩子叫半半，

起床已经七点半，

鞋子穿一半，

脸儿洗一半，

早饭吃一半，

课本带一半，

上学路上半半跑，

光着一只小脚板。

点评：这首《半半歌》构思非常精巧，描绘了一个丢三落四的小朋友——半半的形象，孩子们读后会觉得"半半"非常好笑，做事总是做一半。转念一想，他们心里可能就会打鼓：咦，这个小孩怎么那么熟悉，是我吗？儿歌语言明白如话而又充满韵律感和节奏感，让孩子们从笑声中明白：早上起床要抓紧时间，行动要快，不要让家长催促，要学会收拾、检查自己的书包，自己的事自己做。

（九）圣野的《好孩子》

好孩子

圣野

张家有个小胖子，

自己穿衣穿袜子，

还给妹妹梳辫子。

李家有个小柱子，

天天起来叠被子，

打水扫地擦桌子。

王家有个小妮子，

找了钉子找锤子，

修好课桌修椅子。

周家有个小豆子，

拾到一个皮夹子，

还给后院大婶子。

小胖子，小柱子，

小妮子，小豆子，

他们都是好孩子。

点评：《好孩子》是一首以"子"字为句尾的一韵到底的字头歌。其以朴实平凡的生活场景、趣味盎然的形式、铿锵悦耳的韵律、整齐对称的句式展示了孩子纯真善良的心灵，给幼儿以美好的情感陶冶，使他们在反复吟诵儿歌时，要做像"小胖子""小柱子""小妮子""小豆子"这样的好孩子的心思油然而生。

（十）董恒波的《楼梯》

楼梯

董恒波

上楼梯，上楼梯，

1234567，1234567。

下楼梯，下楼梯，

7654321，7654321。

楼房是台大钢琴，

弹的曲儿真好听。

点评：《楼梯》是一首新颖别致、情趣盎然的儿歌。它把楼房比喻成一架巨大的钢琴，把日常生活中人们上、下楼梯的脚步想象为弹奏出的曲子，真是独具匠心。另外，作品把数字"1234567"和音符"1（多）2（来）3（米）4（发）5（嗦）6（啦）7（齐）"巧妙地联系起来，把1～7的正数与倒数、把音符"1234567"的顺唱与逆唱结合起来，加以反复强调，既加强了孩子的记忆，又增添了儿歌的趣味性。孩子边上、下楼梯边吟唱这首儿歌，既可以获得游戏般的快感，又可以获得关于数的知识、关于音乐的常识，可谓一举多得。

🔄 案例展示厅

谜语歌

其一：

葫芦房，麻面墙，里面住对小姑娘。姐妹虽是同母生，从来不睡一张床。

（打一植物）

其二：

紫色树，刺儿扎，紫色树上开紫花。开了紫花结紫果，紫果熟了盛芝麻。（打一蔬菜）

其三：

一天过去，脱件衣裳，一年过去，全身脱光。（打一用品）

其四：

有翅飞不起，有嘴无言语，有皮不长毛，有头缺颈子。（打一常见水生物）

活动三　儿歌创编

一、创编过程及方法技巧介绍

学会创编儿歌，把精美的精神食粮提供给幼儿，是一名幼儿教师的责任。作为一名未来的幼儿教师，学会为幼儿创编儿歌，是学前教育学生必备的专业素养。如果幼儿教师能从实际教学需要出发，将成人的睿智与纯真的童心和谐统一，创作出生动有趣的儿歌作品，就可以为幼儿提供更加丰富的、切合实际的教学素材，促使幼儿更好地成长。而且让幼儿对儿歌进行续编或改编也是幼儿园语言教学活动中经常要进行的内容。只有教师亲自创编，才能更好地指导幼儿进行创编。

（一）儿歌创编的过程

对儿歌创编进行由浅入深、由易到难的训练时，可从以下三个阶段入手。

1．儿歌仿写

仿写阶段是学习创编儿歌的最初阶段，也是熟悉儿歌创编特点的阶段。这个阶段要多读、多仿写，才能最有效地提高创编儿歌的能力。

方法一：仿写练习。

仿写练习，在空白处填上恰当的语句。

蓝的天空是白云的家，

（　　　　）是小鸟的家，

（　　　　）是小羊的家，

（　　　　）是小鱼的家，

（　　　　）是蝴蝶的家，

快乐的幼儿园是小朋友的家。

方法二："续编"儿歌。

儿歌的内容丰富，表现形式多样，创编儿歌可以进行发散思维的续编练习。儿歌《家》中写道："蓝天是白云的家，树林是小鸟的家，小河是鱼儿的家。我们是祖国的花朵，祖国就是我们的家。"可以让学生开动脑筋，想一想，还有谁是谁的家，学着书中的句式自己续编儿歌。学生续编出贴切的语句：大海是石油的家，泥土是蚯蚓的家，树林是蘑菇的家等。

方法三：仿编儿歌。

儿歌的仿编，主要是在原语言形式、句式结构和主题的基础上，调动生活经验和独特体验，展开想象进行的个性化表现的创作活动。例如仿编儿歌《荷叶圆圆》：

荷叶圆圆的，绿绿的。

小水珠说："荷叶是我的摇篮。"小水珠躺在荷叶上，眨着亮晶晶的眼睛。

小蜻蜓说："荷叶是我的停机坪。"小蜻蜓立在荷叶上，展开透明的翅膀。

小青蛙说："荷叶是我的歌台。"小青蛙蹲在荷叶上，呱呱地放声歌唱。

小鱼儿说："荷叶是我的凉伞。"小鱼儿在荷叶下笑嘻嘻地游来游去，

捧起一朵朵很美很美的水花。

教师引导：多可爱的荷叶呀，为小水珠、小蜻蜓、小青蛙、小鱼儿带来了快乐。想一想，荷叶还会给谁带来快乐？

荷叶是小蝴蝶的＿＿＿＿，小蝴蝶＿＿＿＿。

荷叶是的运动场＿＿＿＿，＿＿＿＿。

荷叶是小朋友的＿＿＿＿，小朋友＿＿＿＿。

荷叶是＿＿＿＿的＿＿＿＿，＿＿＿＿。

2．儿歌创编

儿歌是活在孩子们口头的文学。由于儿歌的受众是婴幼儿，所以除了遵循文学创作的一般规律之外，创编儿歌还有以下要求。

（1）主题要关注幼儿情趣。

由于幼儿天性喜好玩乐，听唱儿歌又具有极强的游戏性，所以儿歌的内容选择和艺术表现要富有强烈的趣味性。儿歌在符合诗歌特征的同时，更要符合幼儿的特点：篇幅短小、语言浅显、朗朗上口、富有童趣。其中，"富有童趣"最为重要。例如《小猫醉酒》：

小猫喝了葡萄酒，

醉倒在那家门口。

老鼠拿把大剪刀，

"咔嚓""咔嚓"下了手。

爪甲统统给剪掉，

胡子一根也不留。

小猫醒来傻了眼，

"吧嗒""吧嗒"泪水流。

点评:《小猫醉酒》是对醉酒小猫的讽刺。幸好这只老鼠手下留情，剪掉的是小猫的胡须。如果遇上了凶恶的老鼠，对着小猫的脖子"咔嚓"一下，小猫的小命不就没了吗？为什么不写成老鼠将猫一下子"咔嚓"掉呢？因为儿歌要从儿童的角度出发，如果将猫弄死了，就不符合儿童纯真可爱、本性善良的品性了，而且显得很暴力和血腥，这是儿童教育所忌讳的。写成剪掉胡须、爪甲之类的，既符合儿童实际，又增加了童趣。

（2）想象要大胆丰富。

想象是文学的生命，更是儿歌的生命。没有想象的儿歌，缺乏生命力。例如《老鼠坐上火箭炮》：

大象大，老鼠小，

大象最怕老鼠咬，

老鼠钻进象鼻里，

痒得大象受不了，

"阿嚏"打个大喷嚏，

老鼠坐上火箭炮。

点评: 这首《老鼠坐上火箭炮》选取的动物形象虽然都是幼儿熟悉的、认识的，但是通过丰富的想象，将大象和老鼠这两个不相干的动物形象融合在了一起，且加入了趣味性的想象，让整首儿歌更具有童趣性，同时也让幼儿产生丰富的联想，不失为一首好儿歌。例如《烟囱画画》：

烟囱高，烟囱大，

对着蓝天乱画画。

画得太阳眼睛闭，

画得白云衣服花。

天鹅飞到画里去，

成了一只丑小鸭。

点评: 通过这种夸张的手法，反映了人类对环境的破坏，说明了环境保护的重要性。请记住：儿歌的主题思想是不能直接写出来或说出来的，而是要通过对形象的描述和诠释，让读者自己去体会、去感悟。

（3）手法多样，布局多变。

没有趣味性的儿歌，就没有吸引幼儿的力量。因此，作者在构思时要充分考虑采用哪些表现手法、选择哪些艺术形式（包括各种传统艺术形式）才能达到更好的表达效果。创编中要避免表现手法与形式的单一化。

儿歌中常用的表现手法有比喻、拟人、夸张、起兴、摹状、反复、设问等。无论何种表现手法，只要用得自然贴切，都会为作品增色。

比喻：这是儿歌常用的修辞手法。运用这种手法不仅可以使儿歌更生动、形象，而且可以帮助儿童了解距离他们生活较远、不易理解的事物。喻体应是儿童熟悉的事物。例如，许浪的儿歌《月儿》——"月儿弯弯，像只小船，摇呀摇呀，越摇越圆。月儿弯弯，像个银盘，转呀转呀，越转越弯。"由于把弯月比作摇动的小船，把圆月比作转动的银盘，所以在亲切而动态的描写过程中，使月亮盈亏变化的自然现象变得趣味盎然、鲜明生动。

拟人：由于拟人手法符合儿童的思维特点和审美情趣，所以在儿歌创作中被广泛运用。例如，李文雁的儿歌《小雨点》——"小雨点，爱干净，马路洗得亮晶晶"，把小雨点比拟成一个爱干净的孩子，这在孩子们看来是十分有趣的事。

夸张：儿歌中的夸张和想象密切关联，而且常常带点幻想的色彩。例如，儿歌《种葵花》——"大海连青天，山高接蓝天。我来种葵花，种满高山巅。葵花叶，绿油油，葵花瓣，黄灿灿，葵花杆子如竹竿，离天只有三尺三。要砍葵花盘，需乘大火箭，掉下一颗子，渔人当小船……"可以想见，由于夸张，这首儿歌会给孩子带来巨大的惊喜。

起兴：起兴一般用于儿歌的开头，用以制造一种气氛。例如，传统儿歌《菊花开》——"板凳板凳歪歪，菊花菊花开开。开几朵？开三朵，爹一朵，娘一朵，还有一朵给白鸽。"开头一句是起兴句，看似和后文没有联系，仔细品味，却可以想见小主人公原先坐在板凳上摇着玩儿，突然见到旁边菊花开的情景，起到了营造环境气氛的作用。

摹状：摹状是用生动形象的语言把所要描述事物的状态、颜色及声音摹拟出来，包括摹形、摹色、摹声三个方面。儿歌中恰当地运用这种手法，会增加儿童的吟唱兴趣，如丁曲的《冬瓜》——"冬瓜，冬瓜，地上躺；呼噜，呼噜，睡得香；一个一个长得胖"，既有对形体的摹拟，也有启发联想对声音的摹拟，增添了作品的情趣。

反复：反复是儿歌的重要形式特征。如西藏儿歌《雪花白，雪花亮》中"雪花白，雪花亮"这两句，反复了三次，既便于儿童吟唱、记忆，也增强了表达效果。

设问：设问也是儿歌常用的手法。它可以引人注意和深思，同时也能使儿歌的抒情状物有起有伏、生动别致，如杨子忱的《雨滴滴》——"天上落下雨滴滴，浇得红花开一地。多少雨滴在飘落？一滴两滴三四滴……天上落下雨滴滴，浇得草儿绿又绿。滴滴雨滴落在哪？落南落北落东西……"这首儿歌，如果没有两个设问句式的穿插，就会显得平板。

写作的布局多变是指创编儿歌时三言、五言、七言的交互变化，有时会有两种或三种在一首儿歌里交替出现的现象。例如《我给小鸡起名字》：

一、二、三、四、五、六、七，

妈妈买了七只鸡，

我给小鸡起名字：

小一，

小二，

小三，

小四，

小五，

小六，

小七。

小鸡一下都走散，

一只东来一只西。

这下再也认不出：

谁是小七，

小六，

小五，

小四，

小三，

小二，

小一。

《我给小鸡起名字》这首儿歌根据表达的需要，在惯用的七字句中嵌入一连串的二字句，并且采用了对称句式，形成短促有力的顿断，犹如乐曲中跳跃性的音符，把幼儿喜爱的每一只小鸡的情态都凸现出来。

儿歌的句式很丰富，艺术形式也多种多样，在创作时应根据表达需要认真选择。如下面这首《下雪了》就采用了字头歌的形式，获得了很好的效果。

下雪了，

下雪了，

屋子长高了，

小路变白了，

宝宝的鼻子变红了。

总之，在创编中应注意以上几个方面，只有不停地写、不断地创作、细心地发现、认真地揣摩，才能不断创编出优秀的儿歌。

3．儿歌修改

文章不厌千回改。好作品是"改"出来的。儿歌的创作也一样，写好儿歌后，一定要反复地推敲。

无论是仿写还是创编，都应反复修改。我们应充分把握儿歌的特点，取长补短、去粗取精，将一些略显"粗糙"的儿歌修改得整齐、顺口、有童趣。例如《螳螂》：

【修改前】

> 一只螳螂，
>
> 举起两把大刀。
>
> 走了三步路，
>
> 要去割青草。

【修改后】

> 一只螳螂，
>
> 举起大刀，
>
> 一跳一跳，
>
> 去割青草。

修改后的儿歌作品更加简练，突出了螳螂爱蹦跳的特点，准确生动地表现了螳螂活泼的模样；同时，句式更加工整了，节奏感也更加鲜明了。例如高恩道《小金鱼》：

原稿：

> 金鱼，
>
> 最贪玩，
>
> 一会儿撞荷叶，
>
> 一会儿摇莲秆，
>
> 玩得忘了写字，
>
> 玩得忘了吃饭，
>
> 妈妈来考它：
>
> "几加几，等于三？"
>
> 它把嘴一张，
>
> 吐出一串"大鸭蛋"。

这首儿歌后来修改时把原词改为叠词，只动了四处，却使原诗活了起来。

> 小金鱼，
>
> 最贪玩，
>
> 一会儿撞撞荷叶，
>
> 一会儿摇摇莲秆，

玩得忘了写字，

玩得忘了吃饭。

妈妈考考它：

"几加几，等于三？"

它将嘴一张，

吐出一个圆蛋蛋。

其中，"撞撞荷叶""摇摇莲秆"比"撞荷叶""摇莲秆"更显幼儿的调皮活泼，"妈妈考考它"比"妈妈来考它"显得亲切、慈爱，"圆蛋蛋"比"大鸭蛋"更具童趣。

（二）创编技巧和方法

儿歌的创编可由素材选择、确定价值、选择类型、安排结构、选择韵律、运用修辞、组织语言、儿歌修改几个环节组成。常常采用以下方法。

1．框架设定法

一般儿歌创编以四句为一首，对物体进行创编时，一般第一句叙述对这个物体的总体感受，第二、三句叙述其特征及功用，第四句叙述我们的心理感受。如《水笔》：小小水笔用处大，能写字来能画画，身穿花衣戴黑帽，我们学习需要它。也可以叙述物体的一个特征，如空调：空调空调真奇妙，夏天到了吹冷风，冬天到了吹热风，一年四季像春天。

2．创编内容指点法

如创编关于火灾逃生的儿歌时，可引导学生想一想发生火灾时有什么感受，用了什么方法，结果是怎样的。创编关于笔的儿歌时，可引导学生说说笔的特征和作用，还可以说说爱护它的方法。

3．示范创编法

当学生不会编儿歌，或者没有创编方向的时候，教师的示范会对学生的创编起到推动的作用。例如，学生不会编关于世博风筝的儿歌时，可示范一首儿歌——"世博会，来到了，海宝风筝飞上天，张开双手迎客人，欢迎大家来上海"，以给学生提示方向。

4．引导分析法

用引导分析法编出的儿歌可以帮助学生厘清思路。如编关于自己的儿歌：我的名字叫小宝，脑袋大大手臂细，识字速算最拿手，人人夸我真正棒。

5．迁移创编法

在引导分析的基础上，学生了解了儿歌的结构、编法后，教师就可以引导学生运用已有经验迁移创编同类型的儿歌。在创编关于小动物的儿歌时，就可以采用迁移创编法。例如，小青蛙，呱呱叫，身穿花衣爱跳高，跳到田里捉害虫，保护庄稼它第一。迁移：小花狗，真可爱，爱吃骨头爱看门，小偷来了汪汪叫，保护主人本领大。

6．趣味创编法

教师要引导学生从有趣、好玩的方向创编，这样会使儿歌充满趣味。拟人化的创编、游戏化的创编、情景化的创编都会产生这样的效果，如《小花狗》：小花狗，汪汪叫，看见主人摇尾巴，看见坏人追着咬，看你还敢来偷盗。电话：叮铃铃，电话响，喂喂喂，你是谁，我是你的好宝宝，问你啥时回到家。（情景）小蝴蝶：小蝴蝶，穿花衣，好像美丽小仙女，飞到花丛来跳舞，比比谁的舞最美。（拟人化）

二、创编案例

案例一　以儿歌《荡秋千》为例，仿编儿歌

（一）原作:《荡秋千》

小姑娘，荡秋千,一荡荡到云里边。摘朵白云当裙子，摘朵红云当披肩，摘朵黑云做什么？做双皮鞋给你穿。

（二）仿编

（1）小姑娘，荡秋千,一荡荡到花园里。摘朵小花当花环，摘片树叶当耳环，摘株小草做什么？做成皮带送大树。

（2）小朋友，荡秋千,一荡荡到池塘边。摘朵莲花当灯笼，摘朵荷叶当雨伞。摘个莲藕做什么？送给雪人做胳膊。

（3）小姑娘，荡秋千,一荡荡到花丛边。摘朵兰花当小伞，摘朵黄花当帽子。摘朵红花做什么？做个风筝飘上天。

（4）小姑娘，荡秋千,一荡荡到花园里，摘朵红花做手链，摘朵黄花做项链。摘朵兰花做什么？做个钻戒亮晶晶。

（5）小姑娘，荡秋千,一荡荡到小河边，摘片水草当帽子，摘根花藤当项链。摘滴水珠做什么？做成珍珠美上天。

（三）仿编说明

初学创作儿歌时，学生的知识基础和创作能力还十分薄弱，对儿歌的内容思想和形式手法等还很模糊，所以，可以把经典儿歌中的部分词句换成类似的内容，同时，引导学生把儿歌编得好听些（注意句式的长短和押韵，换一个词、加几个字）。但是，仿编绝不是简单的重复，因为在仿学仿作中包含观察、分辨、选择、储存、联想等活动，这些都离不开思维活动。仿学仿作是初学创作儿歌的一种好方法，是学习而不是套作，是仿中有学，仿中有作，仿学包含着大

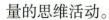

量的思维活动。

仿编时，利用多媒体画面，创设情境，如白云、裙子、披肩等，引发学生展开联想；通过问题"小姑娘除了荡到白云边，还可以荡到哪里呢？小姑娘能摘到什么？做成什么送给谁？除了小姑娘，还有谁在荡秋千？小朋友们还可以玩什么游戏？"引导学生迁移创编，最后推敲词语，完成仿编。

案例二　掌握押韵技巧，创作儿歌

（一）比较异同，感受押韵的重要

出示《小鸟》二首，比较这两首诗歌的异同。

小鸟，小鸟，	小鸟，小鸟，
停在树梢。	停在枝头。
我唱歌儿，	我唱歌儿，
小鸟不笑；	小鸟不睬；
我跳舞儿，	我跳舞儿，
小鸟不瞧；	小鸟不看；
我咳一声，	我咳一声，
它飞走了。	它飞走了。

这两首诗主题相同，表达形式略有不同。第一首儿童诗之所以读起来会朗朗上口，是因为它的每一句的句末是同韵字。通过比较，发现音韵和谐是儿歌的生命，创作儿歌应做到合辙押韵。

（二）以《小熊过桥》为例体会押韵知识

（1）小竹桥，摇摇摇，　　ao

（2）有个小熊来过桥。　　iao

（3）走不稳，站不牢，

（4）走到桥上心乱跳。　　iao

（5）头上乌鸦哇哇叫，

（6）桥下流水哗哗笑。　　iao

（7）"妈妈，妈妈你来呀，

（8）快把小熊抱过桥！"　　iao

（9）河里鲤鱼跳出水，

（10）对着小熊大声叫：　　iao

（11）"小熊，小熊不要怕，

（12）向着前面瞧！"　　iao

（13）一二三，向前跑，　　ao

（14）小熊过桥回头笑，　　iao

（15）鲤鱼乐得尾巴摇。　　ao

《小熊过桥》这首儿歌的押韵方式为：逢双行押韵，一韵到底，全用"遥条辙"。可见，儿歌往往押偶数韵，押韵往往会遵照两句为韵或者三句为韵的形式出现，读起来音韵和谐，富有动感。

（三）出示儿歌，模仿创作儿歌

根据《小三登山》这首儿歌，创作一首押"an"韵的儿歌。

三月三，

小三去登山；

上山又下山，

下山又上山；

登了三次山，

跑了三里三；

出了一身汗，

湿了三件衫；

小三山上大声喊，

"离天只有三尺三"。

创作举例：押"an"韵

小姑娘，会做饭，

拿小瓢（piáo），

舀（yǎo）白面。

舀了白面做啥饭？

擀（gǎn）面条，打鸡蛋，

面要擀得纸样薄，

面条切成一根线，

下到锅里滴溜转，

盛到碗里莲花瓣。

浇上香油放上盐，

大家吃得把头点。

创作说明：通过作品比较，让学生明白好的儿歌一定要合辙押韵；读起来上口才符合儿歌音韵和谐的特点。学生创作儿歌之前要大量诵读儿歌，以形成语感，并在掌握一些基本韵脚的基础上，进行儿歌创作。

三、儿歌创编评价

创编儿歌后，创编成功与否，可从以下几个要点加以评价。

（一）立意是否新颖

立意新颖是创编的第一要素，非常重要。一是旧题材要写出新内容。创编主题一般都是幼儿身边的、熟悉的、美的事物，如猫啊、狗啊，花啊、草啊，爸呀、妈呀等。这固然是对的，但旧题材要尽量写出新内容，这是非常困难的。例如获全国生肖儿歌大赛提名奖的《小猫回了外婆家》：

> 小猫回了外婆家，
> 老鼠知道笑哈哈。
> 放心大胆溜出洞，
> 偷米偷油偷糍粑。
> 忽然小猫冲进来，
> 咬住老鼠长尾巴。
> 原来小猫没有走，
> 躲在门外舔小爪。

虽然这首儿歌也是猫鼠题材，但在里面写出了小猫和老鼠斗智斗勇的场面，小猫放出"要回外婆家"的诱饵使老鼠轻易上当，从而成功使用了"引蛇出洞"这一计策活捉了老鼠。

二是旧题材要写出新思想。题材旧没什么，关键是要挖掘并写出其中的新思想。

三是新题材要写出新天地。新题材要写好，写出新天地、新境界。例如获全国生肖儿歌大赛二等奖的《上网》：

> 小蜘蛛，
> 去上网。
> 什么网？
> 蜘蛛网。
> 上网干什么？
> 上网找口粮。
> 小刚刚，
> 去上网。
> 什么网？
> 互联网。
> 上网干什么？
> 上网去冲浪。

通过小朋友的代表"小刚刚"上网冲浪，表现了新一代少年儿童热爱科学、积极进取的精神。这首儿歌具有强烈的现代感和积极进取的精神。

（二）用语是否浅显

作者在创编儿歌时，内容要贴近幼儿的生活，这样才易于幼儿理解与记忆。幼儿生活阅历简单，知识经验不足，掌握的词汇也相当有限。所以，儿歌的内容要浅显单纯，易于幼儿理解、接受，或单纯地叙述某个事件，或清晰地描述某种现象，或简洁地表达普通的事理。总之，创编的儿歌要使幼儿听后能马上把握基本内容，通过学习、记忆、诵读、学唱自觉体会领悟其中的含义，接受启发和教育。例如《两只小象》：

> 两只小象河边走，
>
> 翘起鼻子钩一钩，
>
> 好像好朋友，
>
> 见面握握手。

这首儿歌只有24个字，通过两只小象在河边钩鼻子嬉戏的情景，很自然地运用"好像好朋友"握手的比喻，直观、生动地表达了小象之间的友情。幼儿不必思考就能感受到儿歌的温馨。

（三）构思是否巧妙

巧，就是写作的角度、思路不一般化。例如《小鸡你别看》：

> 刚把饭碗端，
>
> 小鸡跑来看：
>
> 歪着头，瞪着眼，
>
> 围着身边打转转。
>
> 小鸡小鸡你别看，
>
> 我早改了坏习惯：
>
> 不掉菜，不掉饭。

这首儿歌是以第一人称的口吻来写的，易于幼儿接受，而且画面具体有趣，使幼儿感觉更加亲切，作品从侧面着笔，褒扬改了爱掉饭菜坏习惯的好宝宝。

（四）篇幅是否短小

由于儿歌是供幼儿诵唱的，因此儿歌的容量都比较小：一是篇幅较短，字数较少；二是主题单一，只写一件事或一个事物或一个事物的某一方面或某一个特点。儿歌一般都不长，少的3句，10多个字；多则6~8句，三四十个字，即可表达完整思想。例如少白的《鸡蛋》：

鸡蛋白，

鸡蛋黄。

白云抱个小太阳。

这首儿歌由 13 个字构成只写了荷包蛋的形象。幼儿的感知单纯而直接，且记忆具有无意性，容易记住多次重复的事物。所以，富有激情、内容丰富、形象鲜明又便于重复的儿歌易于幼儿理解记忆。儿歌一般篇幅都比较短小，往往是几个句子就描绘一个现象，表达出一个事理。

创编儿歌后，需对其进行多角度评价，以提高自己鉴赏儿歌作品的水平。

探究与实践

一、名词解释

1. 儿歌。

2. 连锁调。

二、简答题

1. 简述儿歌的特点。

2. 简述儿歌创编的技巧和方法。

三、论述题

你所知道的儿歌的传统艺术形式有哪些？试举例说明。

四、创作题

1. 下面两首儿歌由初学者所写，请找出这些儿歌的问题，然后做出修改。

下跳棋

小小跳棋花又圆，

红一颗，绿一颗，

你走来，我跳去，

大家走到一起真有趣。

妈妈的手

嘻嘻嘻，

幼儿园里做游戏。

娃娃真调皮，

裤子摔了一个洞，
脱下破裤子，
妈妈手上缝，
小洞变成小鸭子。

2. 放飞你的想象，尝试将下面的儿歌续写完整。

补票

老袋鼠，看舞蹈，
买张票，往里跑。
＿＿＿＿＿＿＿＿＿，
＿＿＿＿＿＿＿＿＿。

雨来了

雨来了，快回家，
小蜗牛，说不怕，
我把房子背来了。
雨来了，快回家，
＿＿＿＿＿＿＿＿，
＿＿＿＿＿＿＿＿。

单元三

幼儿诗

学习目标

◆ 了解幼儿诗的概念与发展，区别幼儿诗与儿歌的异同。

◆ 掌握幼儿诗的特点及分类。

◆ 学习鉴赏和创作幼儿诗。

◆ 认识幼儿诗的代表作家和作品，积累适合幼儿听赏的幼儿诗，为今后在幼儿园更好地开展语言课打下基础。

情境导入

圆圆在家起床总是磨磨蹭蹭，不管妈妈怎么纠正，效果总是不太好。针对这种情况，妈妈给圆圆读幼儿诗《强强穿衣裳》。诗中的强强就是圆圆的折射，圆圆在妈妈的纠正下，改正了磨蹭的毛病。

强强穿衣裳

任溶溶

早晨七点多钟，

强强起了床，

看了半天的书，

他才穿衣裳。

穿上一个袖子，

他就去洗脸，

再穿一个袖子，
　他去吃早点。

扣上两颗扣子，
　他去玩邮票，
再扣两颗扣子，
　中饭时间到。

穿上一条裤腿，
　他去踢球玩，
再穿一条裤腿，
　已经吃晚饭。

穿上一只袜子，
　他听无线电，
等无线电听完，
　都快闭上眼。

他再拿只袜子，
　刚刚要穿上，
可是妈妈说道：
"脱掉衣裳，快上床！"

　　这是一首风趣幽默的叙事诗，作品取材于孩子的现实生活，讲述了主人公强强从早晨七点多钟起床穿衣，直到晚饭后还未穿好衣服的故事。通过妈妈给圆圆读幼儿诗，折射出圆圆的不良生活习惯，这比单纯的说教效果更好。幼儿诗是幼儿文学中深受幼儿喜爱的文学样式之一，可以让幼儿在笑声中明白做事的道理。

活动一　认识幼儿诗

一、幼儿诗的概念与发展

（一）概念

幼儿诗是指适合幼儿听赏、诵读的自由体短诗，是用最富于感情、最凝练、有韵律、分行的语言来表情达意的一种艺术形式。

首先，幼儿诗是为幼儿创作的，要符合幼儿的心理特点和审美特点；其次，幼儿诗要适合幼儿听赏、诵读，往往需要运用最富于情感、最凝练、有韵律、分行的语言来表达情意；再次，幼儿诗是自由体诗歌，押韵的要求不是很严格。由于幼儿识字量不多，幼儿诗和儿歌一样具有听觉文学的特点，同样体现出口语化的音乐美。

（二）发展

中国是诗的国度，但是在漫长的历史长河中，却没有专门为幼儿而写的诗作。骆宾王的《咏鹅》、李白的《静夜思》、白居易的《赋得古原草送别》、孟浩然的《春晓》、李绅的《悯农》、杜牧的《清明》。这些只是适合幼儿诵读的作品，而不是自觉意义上的幼儿诗。

辛亥革命前夕，20世纪初的中国文坛，维新派人物黄遵宪、梁启超等人发起了"诗界革命"，曾出现了为幼儿创作的诗歌，如梁启超的《新少年歌》、李叔同的《送别》等，黄遵宪的《幼稚园上学歌》开幼儿诗的先河，全诗十节，在"……上学去，莫迟迟""上学去，莫徜徉""上学去，莫蹉跎""上学去，莫贪懒""上学去，莫游惰""上学去，莫停留"的旋律中，描绘出一幅幅情真意切、求真求善、进取向上的幼儿生活图景。

五四时期，现代意义上的幼儿诗从当时的新诗中萌发出来：叶圣陶、冰心、郑振铎、汪静之、刘半农等文化名人都写过幼儿诗。20世纪30年代后，既是教育家也是儿童诗人的陶行知坚持"为大众写！为小孩写！"的主张，写了一些幼儿诗。

中华人民共和国成立后，出现了一批热心幼儿诗创作的作家：任溶溶、金近、圣野、鲁兵、田地、柯岩……新时期以来，幼儿诗不仅创作成果丰硕，理论研究也很活跃。金波、张秋生、樊发稼、郑春华等写出了一批高质量的幼儿诗，我国台湾儿童诗人林焕彰、谢武彰、林宪武等也写了不少幼儿诗，1993年台湾还出版了《小白屋幼儿诗苑》季刊。如今，幼儿诗凭借其内在的节奏与韵律，充满幼儿情趣的优美意境和其浅近、形象、凝练的语言深得广大幼儿的喜爱，成为丰富幼儿语言，提升幼儿审美情趣不可或缺的文学形式之一。

（三）幼儿诗与儿歌的异同

幼儿诗和儿歌都属于诗歌艺术。它们既有联系，又有区别。主要表现在以下几个方面。

（1）读者接受上，幼儿诗以幼儿园中班和大班的幼儿为主要接受对象，重在陶冶幼儿性情、气质和感情；儿歌则以婴儿和幼儿园小班、中班的幼儿为主要接受对象，主要是为满足其情感教育、启迪心智、训练语言的需要。

（2）历史发展上，幼儿诗的历史较短。茅盾说："在百花园中，儿童诗是个嫩芽。"儿童诗是在五四时期发展起来的新事物，幼儿诗作为儿童诗的一个分支，也是在五四以后产生的。据文献记载，儿歌已有三千多年的历史了。

（3）题材篇幅上，幼儿诗题材广泛，内容丰富深厚，篇幅有长有短，不受限制。儿歌多取材于日常生活，内容单纯浅显，具有口头文学的性质。

（4）形式上，幼儿诗的形式较儿歌自由。幼儿诗是自由体诗，"诗无定句，句无定言"，不受句式、押韵、长短的限制，甚至短短的两三行也可以成诗；儿歌则有基本的格式，句式工整、押韵上口，适合于歌唱游戏。

（5）表达上，幼儿诗在表达上比儿歌要含蓄、细腻，更讲究用精练、雅致的语言来营造优美的意境，恰如诗人金波所说："诗是儿童情感上的营养品。"儿歌的表达更单纯直率，更讲究通俗顺口，可以给幼儿带来口头念诵的快乐。

如儿歌《洗手》与幼儿诗《小弟和小猫》都是以要讲究卫生为主题的作品，但表现方式却明显不同。

洗手

哗哗流水清又清，

洗洗小手讲卫生，

大家伸手比一比，

看看谁的最干净。

在这首儿歌中，以"洗洗小手讲卫生""最干净"等词句，把所要表现的主题，说得清清楚楚，幼儿一听就会明白，不需做更多的思考。

小弟和小猫

柯岩

我家有个小弟弟，

聪明又淘气，

每天爬高又爬低，

满头满脸都是泥。

妈妈叫他来洗脸，

装没听见他就跑；

爸爸拿镜子把他照，

他闭上眼睛格格地笑。

姐姐抱来个小花猫，

拍拍爪子舔舔毛，

两眼一眯"喵，喵，喵，

谁跟我玩，谁把我抱？"

弟弟伸出小黑手，

小猫连忙往后跳，

胡子一撅头一摇，

"不妙不妙！太脏太脏我不要！"

姐姐听见哈哈笑，

爸爸妈妈皱眉毛，

小弟听了真害臊：

"妈！妈！快给我洗个澡！"

《小弟和小猫》这首诗通过对小弟弟不讲卫生，不仅大人不喜欢，甚至连小猫都不和他玩的情节的描述，形象生动地把主题表现了出来。诗歌里的小弟弟和小猫的形象生动活泼、顽皮可爱，诗歌里的故事给人以思考和联想，对幼儿行为习惯有良好的示范和引导作用。这些是儿歌表达不了的。

不过，幼儿诗和儿歌的区别是相对的，尤其是两者的创作之间的界线并不分明，它们都是适合幼儿接受的诗歌文体，文体间的渗透和融合在创作中是不可避免的。所以，诗化的儿歌或歌化的幼儿诗屡见不鲜。两者的相同之处是，语言简练、概括性强、节奏感强，富有音乐美。

二、幼儿诗的特点

诗歌着重于抒情，是诗歌区别于其他文学样式的主要特点。它通过凝练、形象的语言去抒发浓烈的情感，营造优美的意境去扣动读者的心弦，唤起他们丰富的联想和情感的共鸣。幼儿诗具有以下特点。

（一）情感健康，率真自然

抒情，是诗歌反映生活的根本方式，幼儿诗也不例外。由于它的读者对象的特殊性，所以要求诗歌的情感必须从幼儿心灵深处抒发出来，逼真地传达出幼儿那种美好的感情、善良的愿望、有趣的情致，以激起幼儿感情上的共鸣。

案例展示厅

夏弟弟

圣野

悄悄地，

悄悄地，

他像一个活泼泼的爱爬竿子的绿孩子，

伸着小腿儿到处爬。

爬啊，

爬啊，

给树，

添上树叶。

爬啊，

爬啊，

给葡萄架，

披上绿纱。

爬啊，

爬啊，

给墙，

绕上绿藤。

爬啊，

爬啊，

给小山坡，

穿上绿衣……

他啊，

还给大地带来那么明亮的阳光，

那么充足的雨水！

太阳照，

雨水淋，

山林，更翠了！

田野，更绿了！

庄稼啊，唰唰唰，

一个劲儿往上长，

正在酝酿一个喜人的好收成。

人们都爱这么夸奖他：

这一个绿孩子真勤劳！

我们看他不见，

摸他不着，

可是我们确实知道他来了！

——他给我们带来了

多么可爱的绿颜色！

那个为了祖国四个现代化，

在洒满绿荫的窗口，

勤奋看书的学生，

给他取个名，

说他的名字

叫夏弟弟。

点评： 圣野的《夏弟弟》就是一首饱含着童真的激情去描摹夏天绿意的诗，诗人把夏天比喻成爱爬竿子的绿孩子，由衷地赞美他给我们带来了"多么可爱的绿颜色！"表面上诗人在赞美大自然那绿的生命力，实际上是在赞美"为了祖国四个现代化，在洒满绿阴的窗口，勤奋看书的学生，……"这些幼儿才是夏天真正的充满绿意的风景。这样不仅可以让幼儿受到美的熏陶，更能增加幼儿对知识的渴望，对生命的热爱，对社会的责任。

（二）形象鲜明，充满动感

幼儿天性好动，在生长中，他们对那些活动、行动着的事物最感兴趣；他们自己的情感也是起伏多变的。苏联著名儿童诗人马尔夏克曾说："孩子们要求动，他们喜欢那些积极行动的诗。"因此，有经验的诗人总是从幼儿感到亲近的生活中捕捉那些可以入诗的形象并做动态的描摹，使之成为一种具有强烈动感的形象。

案例展示厅

小草

滕毓旭

小草，小草，被谁用脚踏倒。

露珠是它的眼泪，吧嗒吧嗒，碎了。

太阳公公看见了，替它把泪擦掉。

风儿婆婆看见了，轻轻把它扶好。

小草笑了，摇着嫩嫩的叶片，吱吱吱吱长高。

点评： 诗人用拟人手法把路边的小草幻化成和幼儿年龄相仿的幼儿，露珠犹如他晶莹的泪水，又将自然现象的太阳和风人格化为爱护幼儿的长者，使幼儿感到十分亲切，既感受到生长在和煦阳光中、轻风吹拂下小草的可爱，也体味到人间温馨的真情。

红叶

陶行知

飞，飞，飞，

满天的飞。

哪儿来的这些蝴蝶？

原来是红叶。

点评： 短短四行，完全从动的角度去描写红叶的形象，把它们比喻成满天飞舞的蝴蝶，十分贴切。让幼儿感受到一个富有生命力的世界。

欢迎小雨点

圣野

来一点，

不要太多。

来一点，

不要太少。

来一点，

泥土咧开了嘴巴等。

来一点，

小苗们撑着伞等。

来一点，

小荷叶站出水面来等。

小水塘笑了，一点一个笑窝。

野菊笑了，一点敬一个礼。

点评： 这首诗用拟人的手法描绘了一个动感十足的、幼儿喜欢和熟悉的雨点的形象，小雨点能看得见、摸得着，可观可感，鲜活生动。

（三）构思巧妙，新颖有趣

幼儿诗所抒发的情感不论在丰富性上，还是在深刻性上，都远不如成人诗歌，这是幼儿诗的情感特点所决定的。如何才能在不甚宽阔的情感层面上表达情趣并创造独特的表达效果呢？这主要依赖构思的新颖巧妙。这种依赖生活积累和幼儿式的想象的构思在很大程度上决定了幼儿诗的艺术水平。例如舒兰的《虫和鸟》："我把妈妈洗好的袜子，一只一只夹在绳子上，绳子就变成了一只多足虫，在阳光中爬来爬去。我把姐姐洗好的小手帕，一条一条夹在绳子上，绳子就变成一群白鹭鸶，在微风中飞舞，飞舞。"在生活基础上进行大胆想象，并依赖这种想象的巧妙构思，使平凡的生活现象变成一种幼儿式的神奇和余味无穷的美丽。

有的幼儿诗采用巧妙、别致的形式。例如鲁兵的《下巴上的洞洞》："从前，有个奇怪的娃娃，娃娃，有个奇怪的下巴，下巴，有个奇怪的洞洞，洞洞，谁知道它有多大。瞧他，一边饭往嘴里划，一边饭从洞洞往下撒。如果，饭桌是土地，如果，饭粒会发芽，那么，一天三餐饭，他呀，餐餐种庄稼。可惜，啥也没种出来，只是，粮食白白被糟蹋。你们听了这笑话，都要摸一摸下巴，要是也有个洞洞，那就赶快塞住它。"这首诗把幼儿吃饭掉饭粒，夸张地比喻为下巴上有个洞洞，而且将自然口语化的新诗句和传统连珠体儿歌的句式揉合为一体，幼儿读来会觉得妙趣横生，在笑声中受到教育。

有的幼儿诗着力于创造饱含幼儿情趣的意境。例如黎焕颐的《春妈妈》："春，是花的妈妈。红的花，蓝的花，张开小小的嘴巴，春妈妈用雨点喂她"……诗篇展现了百花盛开、姹紫嫣红的迷人景象，更运用拟人手法，把花说成是抽象的时令——春天的孩子，描写了春妈妈给百花喂甜美的乳汁——春雨。这种联想恰恰与幼儿自身的生活经验相吻合，一种温馨美油然而生。

有的幼儿诗中设置一些悬念和情节，增添了诗作的具体性和可感性，使爱听故事的幼儿乐于接受。例如南斯拉夫诗人布兰科·乔皮奇特的《病人在几层》：著名的亚娜医生，家里的电话响个不停。"喂！喂！亚娜大夫，有个客人，嗓子得了急病。""客人，什么客人？是外国人吗？""对对，一点不错，是刚从非洲来的！""我马上就去，快告诉我：什么地方？几层？""几层？嗯嗯……他病得很厉害，可能是二层或三层。"亚娜大夫觉得奇怪，"什么什么，到底是几层？""对不起，大夫，我实在说不清。我们这儿是动物园，一个长颈鹿突然嗓子疼，他站在大楼旁边，疼处可能在二层或三层。"诗篇以幼儿的心理活动进行构思，曲折跌宕，一环扣一环地展开了一个小故事，强烈悬念紧紧吸引着幼儿的注意力。

（四）自然、明快的节奏与韵律

诗歌本身要求美的节奏和韵律。幼儿诗是供幼儿听赏、诵读的，在节奏韵律上，它比儿歌自由宽松，也比成人诗单纯明快，注重节奏的明朗、音韵的自然和谐，力求诗中内在的感情起伏和外在的音响节奏"声情相应"，表现出"语言的音乐"。例如佟希仁的《春天来了》："屋檐的流水，嘀嗒，嘀嗒，解冻的小河，哗啦，哗啦，水塘的小鸭，呷呷，呷呷，南来的大雁，哏儿嘎，哏儿嘎，他们都在说:'春天来啦'！"诗行由重叠的二字和三字句以及简单的五字句组成，反复使用所描摹的几种景物的自然音响，读起来顺畅，听起来悦耳，表现了万物复苏、欢唱喜悦的热闹景象。

⑥ 案例展示厅

轻轻

寒风

轻轻的云朵，

轻轻的风。

轻轻的柳条，

轻轻地动。

轻轻的小船，

轻轻地划，

轻轻的桨声响不停。

我轻轻地唱支划船歌，

"轻轻是我，

我是轻轻。"

点评: 这首甜美的小诗中描写的一切都是轻轻的: 云朵、风、柳条、小船等景象都是轻轻的，划船是轻轻的，桨声是轻轻的，连同"我"唱的划船歌也是轻轻地。以简洁明了的语言，为幼儿描绘出一幅优美轻盈的图画。轻快的节奏、和谐的音韵、叠音词"轻轻"的反复运用，形成了小诗独具一格的音乐美，给幼儿以轻柔如梦的美感。

（五）意境童稚而优美

感情与形象的结合构成了诗的意境。意境是幼儿诗应该刻意创造的，而且应以营造童稚而优美的意境为目标。人们常说"情景交融"，即诗的感情应当附立于形象。只有把真实的幼儿感受通过形象含蓄地表现出来，而不是抽象地呼喊，这种幼儿诗才具有童稚而优美的意境，也才

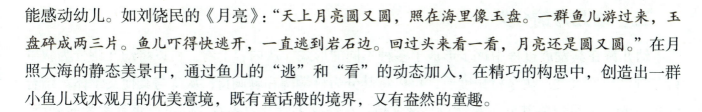

能感动幼儿。如刘饶民的《月亮》："天上月亮圆又圆，照在海里像玉盘。一群鱼儿游过来，玉盘碎成两三片。鱼儿吓得快逃开，一直逃到岩石边。回过头来看一看，月亮还是圆又圆。"在月照大海的静态美景中，通过鱼儿的"逃"和"看"的动态加入，在精巧的构思中，创造出一群小鱼儿戏水观月的优美意境，既有童话般的境界，又有盎然的童趣。

（六）天真而精粹的语言

诗是语言的艺术。深刻的思想、鲜明的形象只有用凝练、形象、具有表现力的语言来表现，才能成为诗。幼儿诗应为幼儿学习驾驭语言提供优良的条件，让幼儿在优美的语言环境中学习语言、丰富语汇，提高他们驾驭语言、鉴赏语言的能力，同时让他们得到美的享受。

如刘饶民的《大海的歌》中《大海睡着了》："风儿不闹了，浪儿不笑了。深夜里，大海睡觉了。她抱着明月，她背着星星。那轻轻的潮声啊，是它睡熟的鼾声。"寥寥数语就把静谧安详的大海展现在读者面前，而且用拟人的手法，以极其准确的措词"抱着""背着""鼾声"形象地描绘出大海这位"母亲"熟睡时的优美体态。经常吟诵此类诗，幼儿不仅可以提高审美能力，还能从中学习并提高驾驭语言、鉴赏语言的能力。

幼儿诗的音乐性主要表现在押韵和节奏上。通过韵脚的变化、句式的错落有致，既兼顾了不同年龄段的幼儿，同时又可使诗歌具有较强的音乐感和节奏感，形成全诗的回环整齐的美感。年龄越小的幼儿，阅读的幼儿诗的韵脚应越整齐。所以，幼儿诗的节奏和韵律，通常表现为诗歌本身的自然的抑扬顿挫和情感的起伏。

案例展示厅

花和叶

花儿，叶儿，

你们是好朋友吗？

你们一起跳舞：哗哗，哗哗，

你们一起唱歌：沙沙，沙沙。

你们的颜色不同，

个儿也不一般大，

为啥你们在一起，

亲亲热热，从不吵架？

点评：这首歌从友情的角度出发，充满儿童情趣，用花和叶的描写，饱含了幼儿对美好友情的向往。

三、幼儿诗的分类

幼儿诗在其发展过程中逐步形成了多种不同的形式，从内容上看，可以将幼儿诗分为叙事诗和抒情诗两大类；从题材角度看，可以将其分为科学诗和题画诗；从诗与其他文学体裁结合的角度看，又可以将其分为童话诗、散文诗；从修辞手段及效果看，则可以将其称为讽刺诗。正因为如此，同一首作品从不同的角度去看，可以冠之以几种名称。如鲁兵的《小猪奴尼》，从其内容上看，可以看作叙事诗，而其艺术构思主要凭借童话的表现形式，所以又可以将其看作童话诗。

常见的幼儿诗的类型如下。

（一）叙事诗

叙事诗是以叙述故事情节，刻画形象为主的诗歌。它一般具有较完整的情节，运用描写人物的各种艺术手法来刻画人格化的艺术形象。它和抒情诗的区别是较少直抒胸臆，在具体的叙述描绘中自然而然地流露作者的情感。它和故事相比不仅在于形式上要分行、押韵，还在于它有着更强烈的感情色彩，情节发展具有较大的跳跃性，叙述事件、刻画形象一般不那么细致周全。

◎ 案例展示厅

爸爸的老师

任溶溶

我的爸爸一天到晚，
跟数学打交道，再难的题他也会算，
嗨，他的学问真好。

我这有学问的爸爸，
今天一副严肃样子。他有什么要紧事情？
原来去看老师！

我的爸爸还有老师？
你说多么新鲜！这老师是怎么个人，
我倒真想见见。

我一个劲求我爸爸，
带我去看看他。我的爸爸眼睛一眨，
对我说道："唔，好吧！"

可是爸爸临走以前，

把我反复叮咛，要我注意这个那个，

当然，我都答应。

我一路想这位老师，

该是怎么个人。他一定是胡子很长，

满肚子的学问。

他当然是比爸爸强，

是位老数学家。他要不是老数学家，

怎能教我爸爸？

可是结果你倒猜猜：

爸爸给谁鞠躬？就算你猜三天三夜，

也没法子猜中。

鞠躬的人如果是我，

那还不算稀奇，因为爸爸这位老师，

就是我的老师！

不过我念三年级了，

她还教一年级。她是我爸爸的老师，

你说多有意思！

这位老师看着爸爸，

就像看个娃娃，"你这些年在数学上，

成绩倒也很大……"

你想爸爸怎么回答：

"老师也有功劳，我懂得那二二得四，

是老师您教导……"

我才知道我的爸爸，

虽然学问很大，却有一年级的老师，

曾经教导过他。

点评： 任溶溶的诗作《爸爸的老师》，虽然将爸爸带"我"去见老师的情节娓娓道来，诗中"我"的内心感受却始终是贯穿全诗的主要脉络。紧紧吸引读者的悬念，一波三折的起伏均以"我"的感情变化来组织。

 **知识窗**

叙事诗虽叙事，却离不了情，离不了凝练的语言表达、和谐优美的节奏。如果离了这些就不是叙事诗，而是故事、小说或者其他体裁了。

（二）抒情诗

抒情诗同叙事诗相比而言，它不注重情节的完整，艺术形象的行动刻画，而侧重于直接抒发内心感情。刘丙钧的《流星》表达的是低幼儿童察看天上流星时的内心感受。流星在空寂的夜空中划过，幼儿把它当作了找不到家的迷路孩子，情不自禁地把自己的热诚关切告诉流星："到我们这里来吧，我们一起唱歌、画画，等我长大了，开着飞船送你去找妈妈。"诗中没有外在形貌和行动的描绘，我们却能看到一个诚挚善良的幼儿就站在我们面前。如果说叙事诗是幼儿们嬉戏玩耍的世界，抒情诗则像晶莹透亮的清晨露珠，映出的是幼儿们的心灵。

幼儿往往把没有生命的事物当作有血有肉的人格化形象，把大自然的事物同社会化的人做类比。田地的《小雨》，樊发稼的《小雨点》、任溶溶的《小孩、小猫和大人的话》之所以深受欢迎，就在于他们既从幼儿的心灵感受来抒情，又渗透着作者对生活内在意义的认识和人类所应具有的美好情操。

幼儿抒情诗同成人抒情诗有着明显的区别。成人抒情诗中不乏抽象哲理和情感的篇章，幼儿抒情诗则大多有着具体的人格化形象，并有动态的描绘。

案例展示厅

小孩、小猫和大人的话

任溶溶

小孩的话

小猫懒，小猫懒，

从大清早睡到晚。

一天我做多少事？

学习劳动和游玩！

可它蜷成小毛团。

呼噜，呼噜，

睡个没了又没完。

小 猫 的 话

小孩懒，小孩懒，

从晚睡到大清早。

一夜我做多少事？

老鼠一只、两只、

三只给捉到！

可他抱个大枕头，

呼噜，呼噜，

睡个没了又没完。

大 人 的 话

一天二十四小时，

白天夜晚各一半。

小孩只看到白天，

小猫只看到夜晚。

白天夜晚全看看，

小孩小猫都不懒。

点评： 这首诗蕴含着批评片面性的哲理，作者的表达不是像成人哲理诗那样不出现具体的艺术形象，静止地抒情言志，而是选取了富有个性特征的细节，以寥寥数笔刻画了小孩和小猫的形象，在动态的描绘中让幼儿们咀嚼到内涵的道理。

（三）童话诗

童话诗是以诗的形式写的童话。它把诗歌的语言表达形式和童话的艺术构思特点融为一炉。童话诗是叙事诗中有独特性的一个分支。它和叙事诗一样都有故事情节，都主要采用虚实、描写的手法，都把笔触落在艺术形象的形貌、动作、对话上。它又和一般叙事诗有所区别。一般的叙事诗都是从现实生活的逻辑出发来组织故事情节，诗人在建构诗篇中，时时不忘实际生活中是怎样的；童话诗的创作主体则服从于理想，以浪漫主义的奇丽幻想来构思诗篇。

童话诗《小猪奴尼》和叙事诗《小弟和小猫》都以讲卫生爱清洁为主体，在情节发展线索上也极为相似，都描写了主人公先是不爱清洁，后来在事实教育下转变了态度。可我们读来却能鲜明地感受到两首作品在艺术构思及表现上的差异。在角色设计上，《小弟和小猫》都是生活中真实的人物形象，《小猪奴尼》则全是人格化了的动物形象。在《小弟和小猫》中作者的描写是写实的，《小猪奴尼》的描写是夸张的。拟人、夸张是表现幻想的艺术世界必不可少的表现手法，依靠这些手法表现出一个变形了的幻想世界，而真实细腻的描写手法则表现出一个虽然经过概括提炼、艺术加工，却仍然是生活中处处可以见到的真实世界。

（四）散文诗

散文诗是用散文形式写的诗。它在内容上是抒情的，是抒情诗中的一个独立属国。它与一般抒情诗不同的是：更为灵活自由，不分行，不押韵。它比一般散文更注重节奏，语言更明快简练。成人散文诗既有小桥流水式的轻吟浅唱，又有高尔基《海燕》那种疾风暴雨式的激昂高歌。幼儿散文诗以清纯浅显的语言抒写孩子们感受到的诗情画意。

案例展示厅

晨曲

王建华

大树高，树上的窝里住着小鸟。大楼高，树上的屋里住着小宝。清晨，树上的小鸟叽叽喳喳唱着歌，楼上的小宝咿咿呀呀念童谣。

哦，小鸟和小宝一起迎来快乐的一天！晨光里，小鸟要学本领，飞到田野上捉虫，捉了很多很多；小宝要学本领，就到学校里读书，读得很好很好

点评：这是一首清新优美的幼儿散文诗。作品将诗的节奏、韵律与散文的自然分段形式"嫁接"为一体，描绘了一幅生机盎然的幼儿生活图景。幼儿听赏这样的散文不仅对学习语言大有好处，而且更能使其得到心灵上的愉悦。

知识窗

中国现代散文诗产生于五四运动时期，走过了一条从"诗的散文化"到"散文的诗化"的路子。较早为儿童写散文诗的是吴妍因和郭风，他们写于 20 世纪 20 年代和 40 年代的《春光好》以及《林中》《小野花的茶会》《豌豆三姐妹》等都是散文化的抒情诗。适于幼儿欣赏的散文诗，有金波的《小河》、鲁兵的《春娃》、郭风的《花的沐浴》、朱述新的《在花的草原上》等。这些散文诗大都以写景为主，在艺术表现上大都具有童话般的诗意境界和动态的描写，拟人、夸张则是主要的修辞方法。

（五）科学诗

科学诗是以科学知识为题材的幼儿诗，是引导幼儿走进科学殿堂的重要途径。无边无际的宇宙、令人神往的星空，在稚嫩的心灵中引起无穷的遐想，童年美好的向往促使多少英雄人物

走上探索大自然奥秘的征途。月球、南极、地球之巅、大洋海底……一个又一个奥秘正被人们揭示；一个又一个新的领域正召唤着人们。孩子们渴求知识的强烈欲望促使诗人把科学知识和文学艺术结合起来。

科学诗具有以下几个特点：第一，所选取的题材内容既是孩子们生活经验以内的，又是他们没有深究过的、迫切希望了解的。第二，对于所介绍对象的"知识点"力求准确、科学，对于所介绍对象的其他方面则可以大胆地运用幻想来虚构。第三，幼儿具有强烈的自我中心倾向，艺术虚构适宜于将客观的抽象的事物（或事理）生命化、人格化。

科学诗应该是把科学和文学巧妙地结合起来；既能给人以科学知识，又能给人以艺术享受。

（六）题画诗

题画诗是以诗歌形式来表现画面的一种特殊文学形式。题画诗在我国源远流长。许多文人或自画自题，或为他人画作题诗。唐代诗人杜甫缘物寄情，托画表意，创作了堪称佳作的题画诗，苏轼、郑板桥等也都有上佳题画诗传世。题画诗作为一种诗歌形式，对幼儿有着特殊意义。

题画诗的根本特点是诗与画的结合。题画诗是根据画面来写的它又不能仅仅是画面的解说，否则就成了图片说明。题画诗与画面的结合应该是入乎画中、出乎画外地"表现"画面。要做到"表现"画面而不是"再现"画面，就必须既含画态，又传诗情。柯岩的题画诗《小长颈鹿和妈妈》题写的是相向而望的大小两只长颈鹿。作者不是客观地解释说明画中长颈鹿的形貌、生态特征，而是揣摩幼儿看画时可能出现的心理感受，将它形象地、充满感情地抒发出来："小鹿，小鹿，没见你时，真为你着急，妈妈的脖子那么长，想亲亲她可怎么办呢？小鹿，小鹿，看见了你，我满心欢喜：原来你脖子也那样长，一点也不妨碍你和妈妈亲呢。哦，长颈鹿，长颈鹿，多么有趣！"作者把握住了绘画和诗歌的不同特点。绘画长于写形，诗歌长于传情。

••••• 活动二 幼儿诗作品导读 •••••

一、著名作家简介

（一）任溶溶

任溶溶，本名任以奇，原名任根鎏。广东鹤山人，1923 年生于上海。著名儿童文学翻译家、作家。1945 年毕业于上海大夏大学中国文学系。1949 年后历任上海少儿社编辑部副主任，上海译文出版社副总编辑。译著有《安徒生童话全集》《彼得·潘》《小飞人》等；著有童话集《"没头脑"和"不高兴"》、儿童诗集《小孩子懂大事情》、儿童文学《我也有过小时候——任溶溶寄小读者》等。曾获陈伯吹儿童文学奖杰出贡献奖、宋庆龄儿童文学奖特殊贡献奖、宋庆龄樟树奖、国际儿童读物联盟翻译奖等奖项。2012年12月6日，被中国翻译协会授予"翻译文化终身成就奖"。

（二）鲁兵

鲁兵，生于1924年，浙江金华人。1946年在浙江大学学习时接触了《中国儿童时报》，从此开始儿童文学创作。1955年由中国人民解放军转业到上海从事儿童文学编辑工作，同时有《小猪奴尼》《老虎外婆》《太阳公公起得早》等大量作品传世。

（三）林焕彰

林焕彰，生于1939年，台湾省宜兰县人。20世纪60年代初开始发表作品，曾任《布谷鸟儿童文学季刊》总编辑，亚洲儿童文学学会台北分会会长，创办了《儿童文学家》季刊。出版有《牧云初集》《斑鸠与陷阱》《童年的梦》《小河有一首诗》《妹妹的红雨鞋》等40多种新诗集、儿童诗集和诗论集。曾获中国台湾中山文艺创作奖、中兴文艺奖和大陆陈伯吹儿童文学奖、冰心儿童图书新作奖等。《林焕彰儿童诗选》1991年由安徽少年儿童出版社出版。

（四）常福生

常福生，生于1938年，笔名符笙，祖籍武汉新洲，生于上海。1958年毕业于上海第二师范学院，任小学教师数十年。1959年开始发表作品，1990—2008年在上海少年儿童出版社《娃娃画报》《儿童诗》编辑部工作。2006年加入中国作家协会。著有儿童诗集《会走路的蘑菇》《飞过大上海的龙》《春天的礼花》《有孩子的地方》，童话集《好斗的小公鸡》等，主编《新编经典儿歌大全》等。童话《机器妈妈》获《北京日报》1986年全国童话正文三等奖，儿童诗《牙齿亮晶晶》获2004年全国儿童诗征文三等奖，《有孩子的地方》获第二十二届陈伯吹儿童文学奖优秀奖。

（五）高红波

高红波，生于1951年，在中国当代儿童诗坛是一位创作数量与质量都很高的诗人。20世纪80年代以来，他先后出版过《鹅鹅鹅》《鸽子树的传说》《懒的辩护》等几部儿童诗集，在中国作家协会第一届、第三届"全国优秀儿童文学奖"评选中获奖，其诗集《鸽子树的传说》还获得了中宣部"五个一工程奖"。

高红波的幼儿诗的最大特点是善于触摸现代孩子的心灵，并用本真的孩子话语和孩子思维去表现现代儿童对自我、生活和社会乃至世界与人类的独特关注与反应。他的幼儿诗的语言是诗美、童心的反映，也是幼儿生活和现代观念的体现。

（六）钟代华

钟代华，生于 1963 年，自 20 世纪 80 年代就开始在儿童诗园地里摸索，他相信自己有能力在儿童诗这个园地里栽出一片绿荫。初始时，尽管身处乡村，生活环境不尽如人意，但他以韧性默默地耕耘，以自己独特的艺术感悟和诗歌追求引起读者和诗评家的关注。20 世纪 90 年代，三十而立的他终于收获了可喜的成果。他的抒情诗集《微笑》、儿童诗集《纸船》和《让我们远行》等出版了。他还陆续获得了重庆市文学奖、陈伯吹儿童文学奖、"小天使"铜像奖以及上海《少年文艺》的四届好作品奖。

二、经典作品导读

（一）林武宪的《阳光》

阳光

林武宪

阳光，在窗上爬着，

阳光，在花上笑着，

阳光，在溪上流着，

阳光，在妈妈的眼里亮着。

点评： 这首小诗是语言浅显凝练的典范。作品由四个排比句构成，一气呵成，抓住人心，"爬""笑""流""亮"四个准确形象的词语，给全诗带来生命与灵气。爱是自然界的第二个太阳、妈妈眼里的阳光正是爱的阳光。

（二）刘饶民的《春雨》

春雨

刘饶民

滴答，滴答，

下小雨啦……

种子说：

"下吧，下吧，

我要发芽。"

梨树说：

"下吧，下吧，

我要开花。"

麦苗说：

"下吧，下吧，

我要长大。"

小朋友说：

"下吧，下吧，

我要种瓜。"

滴答，滴答，

下小雨啦……

点评： 刘饶民的《春雨》是一首幼儿抒情诗。幼儿抒情诗是侧重直接抒发幼儿内心情感的诗。这首幼儿抒情诗以拟人的方式，绘就了一幅春天细雨润物有声的动态画卷，表达了幼儿们对生活、对大自然的热爱。

（三）金波的《树叶儿飘》

树叶儿飘

秋天来了，

秋天来了。

树枝儿摇摇，

树叶儿飘飘。

红树叶飘，

黄树叶飘，

好像花瓣儿往下掉，

拾一片黄叶子，

给布娃娃缝件袄，

拾两片黄叶子，

给布娃娃缝手套，

再拾三片红叶子，

给布娃娃缝顶小红帽。

点评： 以美的诗歌表达爱的主题，是金波抒情诗总的特色。他的诗满怀激情地书写对祖国的爱，对儿童及儿童美好心灵的爱。这首小诗描写了秋天到了，树枝儿摇晃，树叶儿飘落的景象，红叶子，黄叶子，像一只只美丽的蝴蝶似的离开了大树妈妈的怀抱，拾一片黄叶子给布娃娃缝个黄手套，再拾三片红叶子，给布娃娃缝顶小红帽。故事意境优美，想象丰富。通过幼儿的眼睛和想象，生动描绘了秋天落叶缤纷的自然景象。以欢快、活泼的笔调为读者勾勒出了一幅幼儿置身于大自然中天真烂漫、尽情嬉戏的秋景图，充满了幼儿的生活情趣。

（四）林焕彰的《小·猫走路没有声音》

小猫走路没有声音

林焕彰

小猫走路没有声音，
小猫穿的鞋子是
妈妈用最好的皮做的。

小猫走路没有声音，
小猫知道它的鞋子是
妈妈用最好的皮做的。

小猫走路没有声音，
小猫知道它的鞋子是
妈妈用最好的皮做的，
小猫爱惜它的鞋子。

小猫走路没有声音，
小猫知道它的鞋子是
妈妈用最好的皮做的。
小猫爱惜它的鞋子，
小猫走路就轻轻地轻轻地。

小猫走路没有声音，
小猫知道它的鞋子是
妈妈用最好的皮做的。
小猫爱惜它的鞋子，
小猫走路就轻轻地轻轻地——
没有声音。

点评： 这首别具一格的幼儿诗从音节的自然变化上、从词语与句式的反复上、从每节诗行数量的递增上、从首尾的衔接上共同渲染出舒缓优美的节奏与韵律，在不断的变化中，我们的心被小猫和妈妈之间那份真切的爱所感动着。这是一首具有内在的节奏与韵律的幼儿诗。

（五）李昆纯的《爷爷和小·树》

爷爷和小树

我家门前有一棵小树。

冬天到了，

爷爷给小树穿上稻草衣裳。

小树不冷了。

夏天到了，

小树给爷爷撑开绿伞。

爷爷不热了。

爷爷真好！

小树真好！

点评： 这首诗的主题是深邃的，对懂得关心和回报的美好感情给予热情的歌颂。然而这深邃抽象的感情却被化解为两个具体可感的镜头：下雪天爷爷给小树捆扎稻草，让它穿上稻草衣裳，炎热的夏天，小树撑起绿荫给爷爷遮凉。在平易亲切的语言中，让幼儿形象地感知到：生活中，你给他人一份儿关心，他也同样会回报你。这首诗语言浅显、形象、凝练。

（六）樊发稼的《四季小·娃娃》

四季小娃娃

草芽儿尖尖，它对小鸟说："我是春天"。

荷叶撑着伞，它对青蛙说："我是夏天"。

谷穗儿弯弯，它鞠着躬说："我是秋天"。

雪人儿大肚子一腆，它顽皮地说："我就是冬天"。

点评： 作品选取最能表现四季特征的典型物象——草芽儿、荷叶、谷穗儿、雪人儿，诗人展开生动的想象，活泼、生动的想象赋予它们以人的情感，把它们当成小娃娃，让它们开口说话，通过它们稚气的话语，勾勒出四幅特色鲜明的图画，流淌出对四季的热爱之情，并使作品活泼有趣。

（七）汤锐的《等我也长了胡子》

等我也长了胡子

汤锐

等我也长了胡子，

我就是一个爸爸，

我会有一个小小的儿子，

他就像我现在这么大。

我要跟他一起去探险，

看小蜘蛛怎样织网，

看小蚂蚁怎样搬家。

我一定不打着他的屁股喊：

"喂，别往地上爬！"

我要给他讲最有趣的故事，

告诉他大公鸡为什么不会下蛋，

告诉他小蝌蚪为什么不像妈妈。

我一定不对他吹胡子瞪眼：

"去去！我忙着呢！"

我要带他去动物园，

先教大狗熊敬个礼，

再教小八哥说句话。

我一定不老是骗他说：

"等等，下次再去吧！"

哎呀，我真想真想

快点长出胡子，

到时候，不骗你，

一定做个这样的爸爸。

点评：这首诗歌中的爸爸，真是让人喜欢。他能陪着孩子一起探险，还喜欢给孩子讲故事和带孩子出去玩。这个爸爸不爱打孩子，对孩子很体贴，还说话算话，从不哄骗孩子。这是一首充满童真童趣的诗歌，通过一个孩子的口说出了孩子心中的世界，而且大人们肯定不会反对。幼儿文学内容是本性纯真的，真正的幼儿文学首先是幼儿能理解的文学。

（八）鲁兵的《小·猪奴尼》

小猪奴尼

鲁兵

视频：《小猪奴尼》

有只小猪，

叫作奴尼。

妈妈说："奴尼，奴尼，

多脏呀！快来洗一洗。"

奴尼说："妈妈，妈妈，

我不洗，我不要洗。"

妈妈挺生气，
来追奴尼。
奴尼真顽皮，
逃东逃西，
扑通——
掉进泥坑里，
泥坑里面，
尽是烂泥，
奴尼又翻跟头又打滚，
玩了半天才爬起。
一摇一摆回家去，
吓得妈妈打了个大喷嚏。
"啊——欠，你是谁，
我不认得你。"
"妈妈，妈妈，
我是奴尼，我是奴尼。"
"不是，不是，
你不是奴尼。"

"是的，是的，
我真的是奴尼。"
"出去，出去！"
妈妈发了脾气。
"你再不出去，
我可不饶你。
扫把扫你，簸箕簸你，
当作垃圾倒了你。"
奴尼逃呀，逃呀，
逃出两里地。
路上碰见羊姐姐，
织的毛衣真美丽。
"走开，走开！
别碰脏我的新毛衣。"

路上碰见猫阿姨，
带着孩子在游戏。
"走开，走开！
别吓坏我的小猫咪。"
最后碰见牛婶婶，
在吊井水洗大衣。
"哎呀，哎呀！
哪来这么个脏东西？
快来，快来！
给你冲一冲，洗一洗。"
冲呀冲，
洗呀洗……
井水用了一百桶，
肥皂泡泡满天飞，
洗掉烂泥，
是个奴尼。
奴尼回家去，
妈妈真欢喜。
"奴尼，奴尼。
你几时学会了自己洗？"
奴尼；奴尼，
鼻子翘翘，眼睛挤挤。
"妈妈，妈妈，
明天我要学会自己洗。"

点评： 这首幼儿童话诗曾获第三届儿童文学园丁奖，备受幼儿及幼儿教师喜爱。这首诗在离奇有趣、连贯完整的故事情节中，塑造了奴尼这个鲜明的童话形象。他由不爱洗澡、不讲卫生到主动向妈妈表示要"学会自己洗"，这一转变过程既充满了戏剧性，又显得那么合情合理。作品既植根于幼儿生活的土壤，又有童话夸张、幻想的浓厚色彩，充分体现了童话诗的特色。

活动三　幼儿诗创编

一、幼儿诗的创作技巧介绍

作为未来的幼教工作者，幼师学生不仅要懂得鉴赏幼儿诗，能利用作家们写的诗进行"诗教"，还有责任为孩子们创作出有益于他们健康成长的幼儿诗。所以，幼师学生一定要在大量阅读经典幼儿诗的基础上，掌握幼儿诗的特点，了解必要的写作方法，从幼儿的视角出发，进行幼儿诗创作。在进行创作时，要做到以下几点。

（一）夯实幼儿诗的写作基础

1. 多读经典的幼儿诗

"只读不写，眼高手低；只写不读，眼低手也低。"这些话形象地说出了读诗与写诗的关系。指导学生学写幼儿诗，必须先从引导学生多读经典的幼儿诗入手。每一首优秀的幼儿诗，都是不可多得的经典。轻轻地吟诵，内心会涌起一阵阵温热和感动。

2. 做生活的有心人

写诗并不神秘，关键是你能不能做生活的有心人。例如，一位作家去拜访朋友，适逢朋友的女儿刚上幼儿园。于是作家就叫她说说幼儿园是什么样的。问者无心，可难住了小女孩。女孩寻思良久，冒出一句话："幼儿园是圆的。"作家为女孩的天真所感动，写了《傻莎莎》这首幼儿诗：

傻莎莎

红红说：

方桌是方的。

东东说：

长城是长的。

莎莎说：

幼儿园是圆的。

妈妈说：

莎莎是傻的

（二）掌握幼儿诗的创作要点

1. 用幼儿的视角观察世界，抒写幼儿的情感

幼儿对未知世界的理解，往往不受自然规律的限制，他们常常按照自己天真的理解来解释

一切，如彭俐写的《长颈鹿》就很好地把握了幼儿的这种特点。

> 小鹿迷路了
>
> 找不到自己的妈妈
>
> 她在树林里伸长了脖子
>
> 向四处张望
>
> 她把细长的脖子伸了又伸
>
> 伸得像竹竿一样长
>
> 超过了天鹅
>
> 也超过了鸵鸟
>
> 如果还是找不到妈妈
>
> 她的脖子会变得更长更长

2.用幼儿的思维去构思

幼儿看到的世界和成人看到的世界，是不一样的。冰心曾经有过一段生动的表述："他们的是非，往往和我们的颠倒。往往我们所以为刺心刻骨的，他们却雍容谈笑地不理；我们所以为渺小无关的，他们却以为是惊天动地的事功。"例如陈尚信的《鼻子吃蛋糕》：

> 这块蛋糕，
>
> 我舍不得吃它，
>
> 要等爸爸妈妈一起尝。
>
> 我让鼻子先尝一点儿，
>
> 反正小鼻子只会闻闻，
>
> 不会吃下。

这首诗表现的童真令人叫绝，作者完全深谙幼儿的思维，读后令人忍俊不禁。

（三）运用浅显易懂、具体可感的语言

在写幼儿诗时，要避免使用成人化的语言，如幼儿诗《老虎的眼镜》中有些词语就显得抽象、深奥、成人化了。

> 老虎戴了副漂亮的眼镜，
>
> 见了谁都毕恭毕敬，
>
> 他对小老鼠，
>
> 也百般殷勤。
>
> 大家感到不可思议，
>
> 眼镜店的大象揭开了秘密：

我给他配的是超级放大镜，

在你们这些"巨人"面前，

他哪敢霸道横行！

幼儿诗的语言应该浅显易懂，简洁明快。例如谢武章的《早晚》：

早上，我醒了。

妈妈，早安。

爸爸，早安。

太阳，早安。

晚上，我睡了。

爸爸，晚安，

妈妈，晚安。

星星月亮，晚安。

诗中的"我""早上""晚上""醒了""睡了""早安""晚安""爸爸""妈妈""星星月亮"等都是幼儿的日常语言，这些词语的不同组合从描写幼儿日常生活场景开始，自然地延伸到对天地宇宙的问候，诗意也从单纯中生发出一种深刻。

（四）运用多种表现手法，写出幼儿情趣

在创作幼儿诗的过程中，要时刻记住，我们的读者是幼儿，要保持一颗童心。用心去捕捉、发现生命中有趣的美好的事物，用幼儿的语言去描写你看到的事物。要大胆想象，学会寻找事物之间的有机联系，综合运用创作技巧，大胆运用拟人、比喻、夸张、排比、摹声、假设、对比等方法进行幼儿诗歌的创作。

1. 拟人法

拟人法把动植物、事物比拟成人，具有活泼可爱、生动有趣的特点。拟人法是幼儿诗最常用的方法。例如董恒波的《云姐姐》：

云姐姐把裙子弄脏了，

她洗呀，洗呀，

把水滴洒到了地上。

啊，她的白裙子洗得多白哟！

晾在山腰上。

2. 比喻法

（1）明喻法：明喻法一般以"甲"好像"乙"的格式出现，用明喻法能表现出事物的特点，适合描写实物和大自然景象。例如《云》：

云像一个忙碌的画家

在天空中画出一幅又一幅的图画

云像一个贪玩的小捣蛋

常常忘了回家

（2）暗喻法：暗喻法一般以"甲"是"乙"的句式出现，符合幼儿的接受心理，具有亲切感。例如《妈妈》：

妈妈是家里的太阳，

每天都是她最先起床！

妈妈是家里的月亮，

每天晚上她都很忙！

妈妈是家里的星星，

她的眼睛总是那么明亮！

妈妈是家里的春天，

有了她，家里总是暖洋洋！

3.排比法

排比法是指用同一个词同一种句型描写一个事物，可以表现节奏，加深印象。例如《微笑》：

微笑是开在脸上的花朵，

微笑是挂在嘴上的蜜糖，

微笑比糖更甜，

微笑比花更香。

4.假设法

假设法是使用"假如""如果"等假设语句抒发自己的希望和想象，写出美好的希望和理想的写作方法。例如《如果》：

如果我是老师，

我要常常上体育课，

免得学生失望。

如果我是爸爸，

我一定要戒酒，

免得妈妈常常伤心流泪。

如果我是上帝，

我要使人类只会笑不会哭，

因为，

每一个人笑起来都很可爱。

5.摹声法

摹声法是模拟自然万物的声音，使幼儿诗形象生动，为幼儿诗增加趣味的写作方法。一般运用象声词，使诗歌充满音乐感，吸引感染幼儿，带给幼儿听赏与诵读的快乐。例如《风弟弟》：

呼呼！呼呼！

爸爸的假发被吹跑了

呼呼！呼呼！

妹妹的裙子被风吹起了

呼呼！呼呼！

妈妈的帽子也被吹跑了

呼呼！呼呼！

风弟弟，你真坏，

连我的鼻涕都被吹出来了

6.反复法

反复法分为句式的反复（每行的句式都相同）和结构上的反复（每段的起句均相同）。例如田地的《啊呜》：

啊呜！

啊呜！

我不是小猫咪，

我是小老虎！

我喜欢小松鼠；

我喜欢小兔；

我喜欢小山羊；

我喜欢小鹿……

让我也进小学校吧，

谁也不把谁欺侮。

7.疑问法

疑问法是通过故意设问来表现幼儿情趣的构思方法。例如《多好玩》：

鱼儿只能在水里游吗？

鸟儿只能在天上飞吗？

我只能在地上跑吗？

要是交换一下多好玩：
鱼儿在地上竖起尾巴蹦蹦跳，
鸟儿在水里撵着小虾转圈圈，
我在空中飞来飞去。

（五）注意写作格式

创作幼儿诗时要注意以下几点。

（1）平头：原则上每行第一个字空两行，每一行的开头第一个字对齐。

（2）分行：一句一行，太长可分成两行或以上。

（3）分小节：像作文一样“分段”，依时间、人物、地点、内容分段，分段时要空一行。

（4）标点：可有可无，但巧妙运用问号、感叹号等，可起画龙点睛之效，让整首幼儿诗更出色。

（5）押韵：可押、可不押，比较自由，但押韵较顺口。

总之，幼儿诗创作中除了以上写作技巧的运用外，初学者写幼儿诗还可从“聊诗激趣，激发兴趣”“赏诗引路，捕捉诗意”“激发想象，诗意再现”“示范引领，尝试创作”四个环节入手，逐渐写出成功的作品。

二、创作案例

案例一：激发想象，学写幼儿诗

著名教育学家苏霍姆林斯基曾说：“每一个儿童，都是一个诗人。”作为培育幼儿的幼儿教师，更应学会创作幼儿诗。创作幼儿诗可按“赏—想—仿—创”四个环节设计创作过程。

（一）赏读诗歌，捕捉诗意

从经典熟悉的幼儿诗入手，捕捉诗的意蕴。

1. 赏读幼儿诗《爸爸的鼾声》

爸爸的鼾声，
就像是山上的小火车。
使我想起，
美丽的森林，
爸爸的鼾声。
总是断断续续的，
使我担心火车会出了轨。
咦！
爸爸的鼾声停了，

是不是火车到站了。

2. 赏读《不学写字有坏处》

小虫写信给蚂蚁，

他在叶子上咬了三个洞，

表示（我）（想）（你）。

蚂蚁收到他的信，

也在叶子上咬了三个洞

表示（看）（不）（懂）。

小虫不知道蚂蚁的意思

蚂蚁不知道小虫的想念

怎么办呢?

3. 赏读《萝卜》

萝卜妹妹，

你真粗心，

捉迷藏时把头发留在外面。

这三首幼儿诗浅显、优美而又最具幼儿诗的特点。赏读后我们不难发现：只要善于发现生活中的乐趣，就能写出优美的幼儿诗。同时，这三首诗也对学生进行了写诗的方法启迪和语言的熏陶，为后面的创作做了铺垫，使学生自然而然地进入学写幼儿诗的情境。

（二）依托手法，拓展想象

有丰富的想象力，才能写出有诗味儿的幼儿诗。鸟儿飞翔要凭借翅膀，想象也同样得有所依托，创作幼儿诗可以依托比喻、拟人、排比、假设等艺术手法。

如下列诗句，就依托了不同的艺术手法。

A. "云像一个忙碌的画家 / 在天空画出一幅又一幅的图画 / 云像一个贪玩的小捣蛋 / 常常忘了回家" 依托了比喻的艺术手法。

B. "稻田 / 这本书 / 风好爱翻 / 太阳好爱读 / 风翻来翻去 / 太阳一读再读 / 一直读到稻子 / 熟" 依托了拟人的艺术手法。

C. "微笑是开在脸上的花朵 / 微笑是挂在嘴上的蜜糖 / 微笑是最暖和的阳光 / 微笑比糖更甜 / 微笑比花更香" 依托了（排比）的艺术手法。

D. "如果我变成风 / 就到妈妈工作的地方 / 替妈妈 / 把脸上的汗珠 / 一颗颗吹干" 依托了假设的艺术手法。

有了这样一些依托，想象的翅膀就能够飞得更高更远了。

（三）激发想象，诗意再现

幼儿诗的创作离不开想象，如下面这个例子：看到这个"O"，你认为它是什么？它又像什么？（耳环、面包圈、饼干、圆桌、戒指、手镯、游泳圈、洗脸盆、篮球、足球……）一个学生想到了眼睛，创作了以下幼儿诗。

> 星星是天空的眼睛，
>
> 露珠是小草的眼睛，
>
> 奶奶眼睛看不清，
>
> 我是奶奶的眼睛。

这首幼儿诗通过想象写出了天真，写出了情趣，也写出了一片真情……

幼儿诗是自由的、快乐的，有着丰富的想象。想象是幼儿诗创作至关重要的因素。上例中以"O"为突破，自由、大胆地想象，由此及彼，降低了创作难度。

（设计意图）对学生先进行直接想象训练，而后进行更深层次的间接想象训练，这样循序渐进地引导，能够使学生口头创作简单的幼儿诗，学生在语言实践训练中不但有效地激活了思维与想象，而且在不知不觉中受到了"诗话"语言的训练，这就给后面的动笔写幼儿诗打下了很好的基础，同时也给自己树立了信心。

（四）示范引领，尝试创作

用自己的想象写出优美的诗歌是创作的关键。创作时可进行示范引领，如创作幼儿诗《梦》时让幼儿学着用诗意的语言描述自己心中的梦，步骤如下。

第一步：请幼儿配乐朗诵冰心的一首小诗：童年呵！是梦中的真，是真中的梦，是回忆时含泪的微笑。——冰心《繁星》

第二步：教师诵读自己的梦。梦像一条活泼的小鱼，在小河里游来游去，想捉住他，他已经游走了。

第三步：你的梦是什么呢？让幼儿试着用"我的梦像？"说一句话。幼儿畅所欲言，想象就像一朵朵缤纷的花儿，开放在智慧流动的课堂。

创作时还可以用一些问题启发幼儿，进而连词成句。如创作幼儿诗《落叶》时提问：现在是什么季节？你们从哪里看出是秋天？叶子是怎么飘落的？（幼儿回答：一片一片、摇摇摆摆、打着圈儿、荡秋千）于是引导连成一首小诗。

> 秋天，
>
> 树叶落了，
>
> 一片一片，
>
> 摇摇摆摆，
>
> 打着圈儿，

荡着秋千。

秋天，

树叶落了，

一片一片。

案例二：巧用拟人，创作幼儿诗

（一）出示诗歌《日出》

"早晨，太阳是一个娃娃（想象），一睡醒就不停地踢（拟人）着蓝被子（比喻），很久很久，才慢慢慢慢地，露出一个圆圆胖胖的脸儿。谁来跟太阳宝宝打个招呼？"

这首诗把太阳想象成一个娃娃，用人的动作来写太阳，如"踢着""露出"，运用了拟人的手法。通过这两个词可以看出来，这是个调皮的太阳宝宝；太阳宝宝盖的被子还真是神奇，是条"蓝被子"，蓝被子就是天空，这一比喻非常形象。

（二）讲解拟人的创作手法

拟人法是幼儿诗创作最常用的手法。他把动物、植物、事物比拟成人、赋予它们以人的思想、感情与行为方式，赋予他们生命，最契合幼儿的心理，最能体会幼儿情趣。例如：

（1）春风叫花儿张开嘴来唱歌。

（2）太阳睡觉以后，灯就起床了。

（3）月亮害羞地跑到云里躲起来了。

（4）露珠儿看见太阳出来就高兴得笑了。

又如：幼儿诗《汽水》："跟你握握手／你就冒气／请你脱脱帽／你就生气／干干脆脆／一口把你喝下去／看你还／神不神气。"运用拟人的手法，形象地写出了汽水的特点。

从以上例子不难看出，好的幼儿诗离不开拟人手法的运用。

（三）欣赏五首以《山》为题创作的小诗，加深对拟人化的理解

（1）山要找鸟儿玩／鸟儿拒绝他／山要找风儿聊天／风儿溜走了／只留下／山愣愣地站在那里。

（2）山静静地站着／云在他的头上玩捉迷藏／远山过来和他拉拉手／风儿为他唱唱歌／他虽静／但是不寂寞。

（3）山／是一个不会长大的孩子／山／是一个爱穿绿衣裳的姑娘／山／是我向往的地方。

（4）白天想找太阳玩／晚上想邀月亮游戏／却长不高／只好白天看太阳／晚上看月亮。

（5）山／一年到头／都穿着绿衣服／静静地站在那里／任风吹／任雨打／他都不怕。

五首同一题目的诗，都大胆、巧妙地运用了拟人手法，产生了意想不到的美妙神奇效果。

（四）创作诗歌

以《云》为题，运用拟人手法进行诗歌创作：张开想象的翅膀，用拟人的手法完成这首诗。

三、幼儿诗创作评价

一首幼儿诗创作成功与否可从形式和内容两大方面来评价：

（一）形式方面

从形式上看创作的幼儿诗是否有诗的样儿，包括以下几点。

（1）平头：平头就是每一行的开头第一个字对齐，这样的诗，看起来整齐舒服，容易阅读，也容易打动人心。

（2）分行：分行指的是一句一行，就算是一句只写了一个字，还是要一句一行，分行能让读者轻松地读诗，还会让诗富有跳动的韵律感。一句一行，太长可分成两行或以上。

（3）分小节：像作文一样"分段"，依时间、人物、地点、内容分段，分段时要空一行。

（4）标点符号：可有可无，不加标点符号，即不会影响诗的美感，又可以让诗句更清爽。但巧妙运用问号、感叹号等，可起画龙点睛之效，让整首童诗更出色。适当地运用标点符号会增加诗的语气与意境。

（5）语言简洁：诗是浓缩的精华，因此幼儿诗要诗语言简洁，用词精炼准确，不可多一字，也不可少一字。幼儿诗可以省略连词，使幼儿诗干净利落，更具美感。

（6）修辞手法：用孩子的语言去描写你看到的事物，学会寻找事物之间的有机联系，综合运用创作技巧，大胆运用拟人、比喻、夸张、排比、摹声、假设、对比等方法。

（二）内容方面

从内容上看创作的幼儿诗是否有诗味。

诗味就是诗的味道。一首有诗味的好诗能让读者觉得诗很美、很有趣、很好玩、很有想象力，等等。好诗会让人产生共鸣，有时，还会让人感动。从内容上判断一首诗的创作是否成功以下几个标准。

（1）是否有想象：幼儿诗是要有想象的，诗中把所有的事物都看作我们的朋友，让它有生命、有欢笑、有泪水，会说、能唱、会走又能跳。

（2）是否有意象：诗是神奇的画笔，呈现给读者的是一幅有情有趣的画面。意象是物象和心象的结合体。物象是各种事物的外形、特性、声音、颜色等。心象是心中的感觉：喜、怒、哀、乐等情意。当我们被"景象"感动而产生"情意"，便是"诗"了。

（3）是否引起共鸣：诗是有趣味的，想象运用得好不好，便要看能不能引起读者的共鸣，让读者读后有"就是那样子"的感觉。

（4）是否让诗看得见：幼儿诗是用文字表达，大都是抽象的，因此我们要用能看得见、摸得到的事物来代替，表达抽象看不见的想法。

（5）是否让诗听得见：抽象的幼儿诗，如果能发出声音，让读者读诗的时候能似闻其声，便能让人有身历其境的感觉，才易引起共鸣。

探究与实践

一、名词解释

幼儿诗。

二、简答题

挑选书中你喜欢的几首幼儿诗进行比较分析，具体说明幼儿诗的特点。

三、论述题

以《蒲公英》同一题材的儿歌与幼儿诗作品做比较，找出幼儿诗与儿歌的异同。

蒲公英

张秋生（儿歌）

一棵蒲公英，

一群小伞兵，

风儿吹，飘啊飘，

一落落在青草坪。

阳光照，风雨淋，

长成一片蒲公英。

蒲公英

黎焕颐（幼儿诗）

你有翅膀吗？

告诉我，蒲公英。

你飞得很高——

天上的道路，

是云彩铺成；

我要跟着你，

去看神秘的星星。

你飞得很远——

四、创作题

1.仔细观察一种动植物或自然现象，用拟人法写一首幼儿抒情诗。

2.以给定题目，创作两首幼儿们喜闻乐见的幼儿诗。

（1）《家》。

（2）《我希望》。

单元四

幼儿图画书

学习目标

◆ 了解幼儿图画书的概念与发展。

◆ 认识幼儿图画书的构成、分类和特点。

◆ 熟悉中外著名图画书作家及相关作品。

◆ 掌握图画故事的文字创编和绘画的要求，学会创编图画故事书，并使之符合幼儿的审美和接受能力。

情境导入

　　小朋友们进入幼儿园，初步开始他们的人际交往之旅。面对与家人完全不同的小伙伴，他们既想与小伙伴交往，又存在以自我为中心的天性，对于如何交朋友很陌生，同时又非

常渴望交朋友。为了培养小朋友们的交往能力，缓解他们的入园焦虑，喜欢上幼儿园，幼儿园的老师们根据幼儿好奇心强，喜欢艳丽色彩的特点，带领他们一起阅读图画书《我有友情要出租》。

　　这本书中的大猩猩其实代表着孤单寂寞，却不知如何交朋友的孩子，书中的大猩猩采取了"出租"的方式。最终，大猩猩还是明白了友情的真谛——友情是珍贵的，是不能用金钱来衡量的。图画书里每一页都至少有一个小动物陪在大猩猩身边，而且那只小老鼠也一直在大猩猩的旁边，但是大猩猩没有看到，他从来不会主动去寻找朋友，而只是被动地等待着朋友的到来。

其实，朋友就在身边。幼儿在品读语言、欣赏画面的过程中不知不觉地感悟到了其中蕴含的道理——友情是要大胆去追求的。

幼儿图画书是幼儿文学中的璀璨明珠，透过奇妙鲜活的图象、生动有趣的语言，呈现世界万物的潜在美质，开启幼儿的心灵之眼，借以传递真的发现、善的启示、美的洗礼，提供阅读乐趣和艺术美感，启发想象与创造力，成为幼儿认识自我、人际互动、探索世界的最佳媒介之一。

活动一　认识幼儿图画书

一、幼儿图画书的概念与发展

（一）幼儿图画书的概念

图画书的英文名称为"Picture Book"，在我国香港、台湾地区及日本又被称为"绘本"。它主要是通过图画来讲述内容的读物。广义的图画书涵盖广泛，包括文学类的图画书和知识类的图画书、成人图画书和儿童图画书。狭义的图画书仅指文学类的图画书。本单元所说的幼儿图画书指的是狭义的图画书中以幼儿为主要接受对象、适合幼儿阅读的那一部分。它是以图画为主、文字为辅或全部用图画来表现故事内容，供幼儿阅读或成人与幼儿共同阅读的一种特殊的幼儿文学样式。它突破了传统观念上幼儿故事的含义，变单纯用文字表现故事内容为用图画为主表现故事内容，变幼儿用耳朵听故事为用眼睛看（或边听边看）故事，是一种适合幼儿直接阅读的"视觉化的幼儿文学"。

幼儿图画书不同于带插图的幼儿故事。幼儿图画书里的图画，并不单是文字的说明和补充，插图本身参与表现图画故事的内容、主题和细节。它是故事的主体，是故事内容的外在表现形式，是用线条和色彩构成形象、传达故事内容的绘画语言，具有和书面语言、口头语言一样的表情达意的功能。幼儿阅读图画书的过程，实际上是通过阅读这种特殊的绘画语言，大致把握故事情节，了解人物言行，明白故事思想的过程。幼儿如果一边阅读一边听成人讲述，就会把看到的无声语言（绘画语言）和听到的有声语言联系在一起，使一幅幅静止的图画活动起来，在头脑里变成完整连贯、有声有色的故事。所以，尽管幼儿图画书的外部形态主要是图画，但它的基础依然是文学。

日本图画书研究者松居直曾经用下面的公式来描述图画书与带插图的书的区别。

文＋图＝带插图的书　文 × 图＝图画书

这个公式说明，在图画书中，图画和文字是相互补充、相互融汇、相互协调的，图文共创一个世界，单纯地把文字和图画配在一起是不能叫作图画书的。

例如，极富中国传统文化美感的图画书《跟着姥姥去遛弯》，其文字不过几十个，但每一幅图都是大画面，人物多，表情丰富，细节十足。如果照着文字读，无任何趣味可言，甚至让人感觉有些莫名其妙。可是，如果配合图画来看，你就会读出一个意犹未尽的京味童年。一声亲切的"胖妞"，拉开了祖孙俩遛弯儿的序幕。在一幅幅精美的图画中各种美食跃然纸上，从头伏饺子到艾窝窝、豌豆黄儿、驴打滚儿……我们跟着姥姥和胖妞品尝着北京的风味小吃，最后再来一碗二伏的手擀面，故事读完，口齿间似乎还留有余香。仿佛置身于老北京的平凡日子里，让读者感觉好像来到了北京。可见，图画书是一种文字和图画的巧妙结合，包括了文学和美术的综合性艺术。它的基本特点是图画为主，文字为辅，或全部用图画来表现故事内容。

（二）幼儿图画书的发展

1. 世界图画书的发展概况

1658 年捷克教育家夸美纽斯（1592—1670 年）所编写的《世界图解》一书在纽伦堡出版，这是世界上第一本专门为儿童编绘的图画书，也是一本儿童百科全书。

19 世纪末，图画书随着印刷技术的发展而丰富和发展起来，在欧洲得到了普及。英国出现了三位杰出的图画书作家：瓦尔特·克雷恩、伦道夫·凯迪克和凯特·格林纳威。

20 世纪初，英国出现了一位很受儿童欢迎的图画书作家——毕丽克斯·波特。她为儿童创作了许多可爱的小动物形象，其中 1902 年出版的《彼得兔的故事》最为著名。该书图文合一，被誉为"世界上公认的图文结合出色的第一本图画书"，为图画书的发展树立了一个里程碑，波特也因此被称为"现代图画书之母"。

20 世纪三四十年代，随着现代彩色印刷及绘画技艺的提高，美国迎来了图画书的黄金时代。影响较大的有旺达·盖格（1893—1946 年）的《100 万只猫》（1928 年）、罗伯特·麦克洛斯基的《让路给小鸭子》和《美妙时光》、莫里斯·桑达克的《野兽出没的地方》、李欧·李奥尼的《小蓝和小黄》、威廉·史代格的《驴小弟变石头》等。其中，美国的莫里斯·桑达克、李欧·李奥尼和艾瑞·卡尔等开拓出了各种各样的图画书风格。

20 世纪五六十年代，日本引进大量欧美的图画书，形成图画书热，涌现出了一批世界知名的作家作品，如松谷美代子的《龙子太郎》，加古里子的《乌鸦面包店》，中川李枝子撰文、大村百合子绘图的《古利和古拉》，中江嘉男撰文、上野纪子绘图的《鼠小弟的小背心》，佐野洋子的《活了 100 万次的猫》，宫西达也的《你看起来好像很好吃》等。

目前，国际上的图画书大奖有以下三种。

（1）1938年，美国图书馆协会为纪念英国插画家——"现代图画书之父"伦道夫·凯迪克设立了凯迪克奖，奖授给每年美国所出版的最佳图画书画家。

（2）1955年，英国图书馆协会为纪念插画家凯特·格林威女士设立了格林威大奖。

（3）1956年，国际儿童读物联盟设立国际安徒生奖，奖给对儿童有显著贡献的作家。1966年，增设国际安徒生图画书奖。

2. 我国图画书的发展概况

我国图画书的历史不长，现存最早的图画书是明代嘉靖年间的《日记故事》，其中的《灌水浮球》《司马光砸缸》《曹冲称象》等故事至今依然广为流传。

20世纪20年代，我国的图画书才起步。其中，现代儿童文学先驱郑振铎是我国儿童图画书的倡导者和开拓者。他于1922年创办了《儿童世界》周刊，陆续发表了《两个小猴子的冒险》《河马幼稚园》等46篇长短不一的图画故事，在当时产生了一定的影响。

20世纪30年代，赵景深创作了《哭哭笑笑》《一粒小豌豆》等54种图画书。中华人民共和国成立后，我国图画书的发展出现了两次飞跃。

20世纪50年代是我国图画书创作的一次飞跃，中国少年儿童出版社和上海的少年儿童出版社都出版了大量的图画书。如中国少年儿童出版社出版的"学前儿童文艺丛书"，包括《小马过河》《蜗牛看花》《小羊和狼》《金斧头》《一只受伤的小鸟》等多本图画书，采用12开本，绘画和印刷都比较精美。丰子恺、田世光、黄钧、严个凡、李天心等画家为这套书绘画。另外，中国少年儿童出版社还出版了《萝卜回来了》《小鲤鱼跳龙门》《美丽的牵牛花》等图画书。

20世纪80年代是我国图画书创作的第二次飞跃，从这以后，我国每年出版数以千计的图画书，这一时期无论文字还是插画较之前都有了很大的提高。其中郑春华文、沈苑苑绘的《贝加的樱桃班》，孙幼军文、周翔绘的《贝贝流浪记》，余理文并图的《兔子当了大侦探》是这一时期相对出色的图画书。

21世纪初，"我真棒"幼儿成长图画书系列、小企鹅心灵成长故事、爱的教育图画书系列、无字书棒棒糖卷等有一定水准的原创图画书的出现，让人们看到了我国原创图画书的潜力和希望，尤其是周翔的《荷花镇的早市》，熊磊、熊亮兄弟的《小石狮》等，逐步在国外有了一定的认可度。

我国第一个同时面对内地、香港和台湾广泛征集华文原创作品的儿童图画书奖项是"丰子恺儿童图画书奖"，每两年评奖一次。2009年的获奖作品是由于丽琼撰文、朱成梁绘图的《团圆》。

视频：《团圆》

二、幼儿图画书的构成和分类

（一）幼儿图画书的构成

一本典型的当代图画书的形式构成包括封面、环衬、扉页、正文、版权页和封底六个基本部分。

1. 封面

图画书的封面上一般有文有图，文字一般用来标明书名、作者、译者、出版机构等信息；图画则用来揭示作品内容、故事基调、情绪氛围或绘画风格等。例如，朱成梁的作品《火焰》，封面上画着一只黑色的山羊，它正在用力地向前奔跑，在它背上有一只火红的狐狸，身后是四处逃窜的小动物。我们忍不住猜想：这只狐狸为什么要到山羊背上呢？它们为什么要努力奔跑？又是谁在追赶它们？它们脱险了吗？会不会有危险？可背景中如向日葵一样金灿灿的黄色，似乎又分明暗示了故事的情节氛围应该是惊险的、温馨的。

2. 环衬

环衬又叫蝴蝶页，是封面和正文之间的一张衬纸。通常以对称的形式使用。书前的一张叫前环衬，书后的一张叫后环衬。在儿童图画书中，环衬一般都被设计成图画书必不可少的一部分，除了保护书芯、用来装饰等作用外，它还往往与正文的故事息息相关，前后环衬遥相呼应，有时凸显主题，有时给读者意外的惊喜。例如，莫莉·班的《菲菲生气了——非常、非常地生气》，它的环衬是象征愤怒情绪的红色，因为故事里的女孩菲菲一生气，就像一座快要喷发的火山。再如，《爷爷一定有办法》中的环衬是那条神奇的毯子，上面布满了闪烁的星星，这样的环衬与故事内容联系在一起，洋溢的是满满的温暖。

3. 扉页

扉页是环衬下面印有书名、出版者、作者名、画者名、译者名的单张页，有些图画书将衬纸和扉页印在一起装订（即筒子页），称为扉衬页。扉页起装饰作用，能增加书籍的美观度。

有的图画书扉页用来介绍故事的主人公，如佐野洋子的《活了100万次的猫》，扉页上就是神气威风的、张着双臂的虎斑猫，其专注的目光仿佛凝聚着一种力量。

有的图画书扉页就是故事的开头，如《猜猜我有多爱你》有两张扉页，两张扉页的画面可以连起来看。太阳落山的时候，小兔子和大兔子玩得很开心，小兔子紧紧地揪住大兔子的耳朵，两只兔子眼睛都向书外看，仿佛在说："你们准备好了吗？骑大马喽，驾！驾！驾！"大兔子一会儿跳跃，一会儿奔跑，两只兔子带着读者一起走进了故事里。

有的图画书为了方便阅读者，还在扉页上加了专家导读，丰富了扉页的内容。

4. 正文

正文是图画书的主体部分，一个个故事由此展开。它是扉页之后、后环衬之前的所有文字和图画（版权页除外）的总和。其作用是叙述故事并传达故事的主题、情节、情感、意蕴等。

5. 版权页

一本正式出版的图画书中往往还包含一张版权页。它有时放在前环衬与扉页之间，有时放在正文最后一页与后环衬之间，用以呈现与该书有关的基本版权信息。版权页与图画书的艺术表现力之间没有必然的关联，但是它的位置有时会影响到作品的艺术表现。一本图画书的版权页究竟放在哪儿，应以不打破图画书叙述的整体性为原则。

6. 封底

图画书的封底和封面一样，往往也有文有图。文字一般是一些与作品相关的推介与评论；图画一般是从正文截取的某个画面。大部分封底与封面相呼应。也有一些例外，如《好饿好饿的毛毛虫》，其封底图画为在阳光照耀下的一条瘦小的毛毛虫刚刚钻出绿叶上的小洞，正好奇地望着这个世界。这样的画面正文中并没有，但是这样的太阳，这样的毛毛虫，这样从绿叶上小洞钻出的情景却都是出现过的。一个新的画面组合表现着生命的轮回，激发了读者无限的想象与阅读期待。

（二）幼儿图画书的分类

根据不同的分类标准，幼儿图画书可以分为不同的种类。

（1）根据画面颜色，可以分为彩色图画书和单色图画书。

（2）根据画面多少，可以分为多幅图画书、单幅图画书和连续图画书。

（3）根据文字的有无，可以分为有文图画书和无文图画书。

有文图画书是由画面与文字共同完成叙述人物的图画书。尽管图画与文字的功能不同，关系也多种多样，但都需要在双方的配合下完成故事的讲述。市面上出版的图画书大多属于这一类。

无文图画书也称为无字书，是指作品正文部分客观上不出现任何文字的图画书（画面中涉及的文字，如文字招牌、店名等除外）。这类图画书纯粹依靠画面完成叙事，因而特别强调画面之间、情节上的连续性。在图画书中，无字书的创作具有相当的难度，其数量相对也比较少。

三、幼儿图画书的特点

幼儿图画书是培养幼儿想象力和创造力最好的辅助工具之一，它与幼儿文学的其他体裁最大的区别就在于——图画书主要以画面为载体向幼儿传达信息，因此，它有着独特的审美特点。

（一）形象的直观性

　　形象的直观性是指幼儿图画书画面所展现的人物和动物的表情、动作是具体形象的，所展现的环境无论是写实还是夸张，都能让幼儿感到逼真传神、生动有趣。

　　例如，日本画家宫西达也的《我是霸王龙》，借用了野兽派的画风，画面显得非常有力度，画家经过强烈的形象夸张和色彩对比，画出了史前恐龙的强悍；不仅如此，星空铺就的背景又使画面充满了诗意和柔情。

视频：《我是霸王龙》

（二）构图的连续性

　　构图的连续性是图画书中的图画区别于图书插图最重要的特征。它强调画面前后的连贯，形成一个连续的视觉影像。一本好的幼儿图画书，哪怕幼儿不识字，仅仅是"读"画面，也可以读出大意。从这个意义上来说，"图画书中的每一张画，在传递内容之余，都应扮演好'承前启后'的角色""如此一张接连一张，自然而然就有了动态，有了情感的起伏，于是，观图者在这些画面的带动下，终于得以完成异于一般书籍的阅读"。

　　例如，《好饿好饿的毛毛虫》，书中每个水果都挖了一个小圆洞，一直不停叫饿的毛毛虫从小圆洞里爬出来。不断变换的水果、一点一点长大的毛毛虫构成了故事的流动性，而一个个不变的小圆洞，则构成了画面的连续性。

　　再如，日本画家上野纪子的《鼠小弟的小背心》，图画也是白底绿框，用边框构成了一个舞台，故事就在这个舞台上展开：第一张，鼠小弟穿着妈妈织的小红背心站在舞台中央，接下来，鸭子、猴子……一个比一个大的动物轮番登场试穿小背心。所有试穿背心的动物都处在舞台的中心，重复着同样的语言："有点儿紧，不过还挺好看吧？"但这种重复，并不是简单的重复，动物一个比一个大，画面也一次比一次满。等到大象出场时，身体占了满满的画页还不够，甚至耳朵都冲出了画框。不变的是画框，变化的是画面的饱满度。就是在这种变与不变中，构成了画面的连续性，使画面形成了连续的视觉影像——故事。

（三）画面的趣味性

　　幼儿图画书除了会讲故事外，还要具有浓郁的趣味性。这种趣味性，不仅体现在情节的有趣上，也体现在画风特点上。优秀的图画书画面往往具有鲜明的画风特点，形状、颜色、画面构图与整个基调都具备很强的感染力，给人留下深刻印象。

　　例如，李欧·李奥尼的《小蓝和小黄》创意独特，打破了之前追求"形似"的绘画方式，仅用抽象的没有任何表情的色块来代表不同的孩子和父母，就为我们讲述了一个关于友谊、自我认同的故事，充满了幼儿情趣。

再如，安东尼·布朗的《我爸爸》，画家选择了超现实主义的风格，讲述了"我爸爸"是如何的出色，充满了孩子似的想象：说到"我爸爸吃得像马一样多"时，画家把爸爸的头换成了马头，坐的椅子也变成了马腿，但下半身却仍旧保留着人的形状，并穿着爸爸一直穿的睡衣，神态也仍是爸爸自信的表情；说到"我爸爸游得像鱼一样快"时，同样采用了这样鱼头人身的组接方式，使整个画面充满趣味。

视频：《我爸爸》

（四）整体的传达性

整体的传达性是幼儿图画书最具实质的内在特征，它指的是图画书的图画和文字甚至每一个细节都要具有整体感，都要与故事的内容有关，能够完整地表达故事的内容。优秀的幼儿图画书虽然长短不一，文字、图画多少不定，但都考虑了情节、人物、场景的变化，从封面到封底甚至扉页、环衬等装帧，都极其鲜明地表现出了它的整体性。

例如，安东尼·布朗的《隧道》，内容写的是兄妹俩只要碰到一块，就吵个不停；经过一番隧道中的探险后，兄妹俩终于和好了。书的封面画的是妹妹正在穿过隧道的场面，脚边有一本打开的书。到封底则只有一个隧道口，书却合上了，暗示故事已经讲完了。

在扉页上，画面是一片花纹和一堵墙，暗示女孩儿和男孩儿，画的下方则放了一本书，暗示妹妹心理的孤单，而故事讲完后的环扉上，却变成了书和足球放在一起，暗示兄妹俩已经和好。

●●●● 活动二 幼儿图画书作品导读 ●●●●

一、著名作家简介

（一）伦道夫·凯迪克

伦道夫·凯迪克（Randolph Caldecott，1846—1886年），19世纪最重要的儿童插画大师之一，以他名字命名的美国凯迪克奖，代表了英语世界图画书的最高荣誉。他与瓦尔特·克雷恩（Walter Crane）和凯特·格林纳威（Kate Greenaway）同为现代图画书的先驱。他们第一次把儿

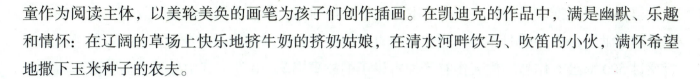

童作为阅读主体，以美轮美奂的画笔为孩子们创作插画。在凯迪克的作品中，满是幽默、乐趣和情怀：在辽阔的草场上快乐地挤牛奶的挤奶姑娘，在清水河畔饮马、吹笛的小伙，满怀希望地撒下玉米种子的农夫。

（二）毕丽克斯·波特

英国维多利亚时代的女作家，著名童话《彼得兔的故事》的创作者，生于富贵之家，从小受到良好的绘画教育，喜欢将身边的小动物拟人化，用绘画来表达自己对周围世界的观察和想象。波特非常喜爱孩子，富有童心童趣。她常常用自编自绘的童话给朋友的孩子写信。1893年，波特在给一个患重病的小男孩诺维尔的信里讲述了彼得兔的故事。1900年，她从诺维尔那里把所有的信件都借了回来，进行整理编辑，开始了"彼得兔"系列故事的写作。1902年10月，经过一番波折，沃恩公司接受了《彼得兔的故事》。随后，意想不到的成功接踵而来。波特的创作也一发不可收，她又陆续出版了《松鼠纳特金的故事》《格鲁塞斯特的裁缝》《汤姆小猫的故事》等。每本童话书都引起人们的购买狂潮，即使在两次世界大战期间纸张匮乏的时期也不例外。

（三）莫里斯·桑达克

莫里斯·桑达克（Maurice Sendak，1928—2012年），美国著名作家以及儿童插图画家。他最著名的作品为1963年出版的《野兽国》（Where the Wild Things Are），这个作品曾被改编成电影《野兽冒险乐园》。他曾经五度获得美国图画书最高荣誉凯迪克奖（Caldecott Medal）。同时，他也是第一位获得国际安徒生插画大奖（Hans Christian Andersen Award）的美国人。

（四）李欧·李奥尼

李欧·李奥尼1910年5月5日出生在荷兰阿姆斯特丹，父亲是比利时犹太商人，母亲是女高音歌唱家。他从小就得以浸润在浓郁的艺术氛围之中。李奥尼是一个才华横溢、不受拘束的艺术天才，绘画、雕刻、平面设计、印刷、陶艺、摄影……样样精通，曾任美国《财富》杂志设计主管长达10年。其间，他多次在欧洲和美国举办个人画展、设计展，并曾担任美国平面造型艺术学会主席、1953年年度国际设计大会主席。他49岁开始绘本创作，开创了一个绘本的新时代。《纽约时报》曾这样评价他："如果绘本是我们这个时代一种新的视觉艺术，李欧·李奥尼则是这种风格的大家。"他的绘本色彩绚丽、优雅、细腻、柔和、传神……同时又深深蕴含着很多哲学意味。代表作《一寸虫》《小黑鱼》《田鼠阿佛》《亚历山大和发条老鼠》分别于1961年、1964年、1968年及1970年四次荣获美国凯迪克大奖。

（五）加古里子

加古里子于1926年出生在日本福井县，毕业于东京大学工业学院。他热衷于社会福利和儿童教育的研究推广工作，在儿童绘本及科学读物创作、广播电视、儿童教育等多个领域都有突出的贡献。1959年受日本绘本之父松居直的鼓励开始绘本创作，迄今为止，加古里子已经出版超过500部绘本作品，代表作有《加古里子的故事书》（10卷，其中包括《乌鸦面包店》和《101个蝌蚪宝宝》）《宇宙》《地球》《河川》《海》《小达摩和小天狗》《科学之书》《游戏之书》等，曾获日本产经儿童出版文化奖、日本科学读物奖等多项大奖，并且获得2012年国际安徒生奖提名。

（六）中川李枝子和大村百合子

中川李枝子和大村百合子是一对亲姐妹，姐姐中川李枝子的处女作《不不园》在日本被誉为低幼儿童文学创作的典范。凭借这本童话集，中川李枝子一举夺得"厚生大臣奖""产经儿童出版文化奖""NHK儿童文学奖励奖""野间儿童文艺推荐奖"四项大奖。妹妹大村百合子画风活泼、快乐，早在姐姐的《不不园》里，她就以其简洁而生动的黑白插图崭露头角。1963年，松居直凭借其敏锐的眼光，建议中川李枝子和大村百合子将童话《蛋》改编成图画书，这也就是后来在日本畅销几十年，又被翻译成多国文字的《古利和古拉》。之后，这一对姐妹又合作出版了很多深受小朋友喜爱的图画书，如《古利和古拉》系列、《三只小猪上幼儿园》和《天蓝色的种子》等。她们的作品深受儿童喜爱，多次获得大奖，并被翻译成多种语言，在多个国家出版。

（七）周翔

周翔于1956年出生于陕西凤翔，毕业于南京艺术学院美术系，曾任江苏少年儿童出版社《东方娃娃》主编。1998年作为江苏省中日儿童文学美术交流协会理事前往日本进行交流，之后，他以《东方娃娃》为平台，努力引进绘本的结构，在该刊物上追求更加优秀的编辑、挖掘和培养新人的同时，还从事儿童读物的插画和绘本创作工作。

作品《荷花镇的早市》荣获首届丰子恺"优秀儿童图画书奖"，被著名儿童文学作家曹文轩评价为"一本具有中国风格的绘本，它是中国绘本的优美开端"。《泥阿福》1992年获全国优秀少年儿童读物一等奖；和孙幼军合作的《贝贝流浪记》获国际儿童读物联盟中国分会（CBBY）第一届小松树奖；《小青虫的梦》获1995年"五个一工程奖"；《身体里的小妖精》获国际儿童读物联盟中国分会（CBBY）第二届小松树奖。

（八）熊亮

熊亮，1975年生于浙江嘉兴，现居北京。中国知名原创绘本大师。2004年绘制《安徒生全

集》插图，被收入丹麦国家图书馆；2005 年《小石狮》获《中国时报》"开卷"最佳童书奖，《联合报》"读书人"好书榜，已授美国、西班牙、日本、法国、意大利等多国海外版权；《京剧猫之长坂坡》获 2007 年《中国时报》"开卷"最佳童书奖；《家树》获 2008 年中国台湾"好书大家读"年度最佳童书奖；还有《南瓜和尚南瓜庙》《兔儿爷》《梅雨怪》等作品，均深受孩子们的喜爱。

二、经典作品导读

（一）［中］熊亮《小·石狮》

【内容简介】本书通过简单的语言，朴素的画风，以小石狮自述的口吻，描绘了一段小镇的故事。"我是小镇的石狮子，我是小镇的守护神。别看我个头比猫还小，但论年纪，可比镇上很老的人还要大。走夜路的孩子看到我就会安心，老人家常摸着我的头，回想起童年的时光，大家都很爱我。孩子们长大了，会离开，也许他们会把我忘记，但我一直会在那里，永远记得他们，想念他们。"

【精彩片段】

① 我是小镇的守护神。

②我是小镇里唯一的石狮子。

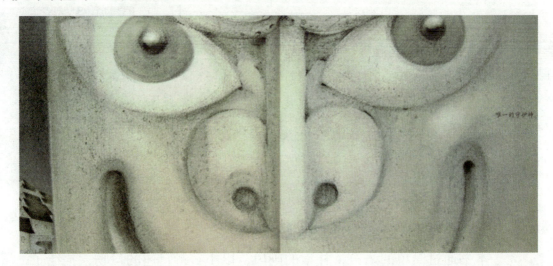

③唯一的守护神。

④别看我的个子比猫还小。

⑤可我的年纪，比镇里最老的人还要大许多。

⑥大家都很爱我，过年的时候，也不会忘了我。

⑦走夜路的孩子看到我就会安心。

⑧ 老人家常摸着我的头叹气，想起了童年的时光。

⑨ 而我什么都记得，记得镇上所有的人，所有发生过的事。

⑩ 孩子们长大了，就会离开……

⑪ 也许，他们会把我忘记……

⑫ 可是，我记得他们，想念他们。

⑬ 我不会忘记每一个人。

⑭ 我是小镇的石狮子。

⑮ 小镇唯一的守护神。

【作品鉴赏】绘本《小石狮》中有大量的传统元素呈现，当这些富含历史风貌与情感体悟的元素出现时，读者无须借助语言，就能透过图像，立即感受其中的含义与情感：白色月光中飞舞的群鸟、空旷天地中一盏微亮的灯笼、大雪纷飞中独立的一尊石雕……这些背景画面传递着苍茫、悠远的时空感，凸显出小石狮年代久远的特点，积聚着小镇上的人们与它世代相依、风雨共度的情感，让绘本故事具备强烈的情绪感染力。

白底青叶菊花碗、靛蓝白花小衣衫、铁烟杆、竹椅子、红字贴、荷花灯、纸鸢、布鞋……这些寻常百姓家的日常用具，充满了浓浓的生活气息，让读者倍感亲切。作为中国首位国际安徒生插画奖提名画家，熊亮实至名归。

（二）[美]李欧·李奥尼《一寸虫》（1961 年凯迪克银奖作品）

【内容简介】在一片绿绿的叶子上，有一条像绿宝石一样的一寸虫。知更鸟看见了一寸虫，要吃掉它。一寸虫说："不能吃掉我，我很有用。"知更鸟说："你有什么用？""我可以量东西。"一寸虫说。"那你来量量我的尾巴吧。"知更鸟说。一寸虫就开始量了，一寸、两寸、三寸、四寸、五寸。原来知更鸟的尾巴有五寸长。"那我再背你去量其他鸟吧。"知更鸟就背着一寸虫飞走了。一寸虫量了火烈鸟的脖子，量了苍鹭的腿，量了雉鸡的尾巴，还量了蜂鸟的全身。夜莺看到了一寸虫，说："我想让你量量我的歌。"可是，一寸虫说："我只能量东西，不能量歌。"

"如果你不量我的歌，我就吃掉你。""好吧，我试试看。"于是，夜莺就开始唱了。一寸虫就开始量了，它从叶子上爬到叶子的下面，从叶子下面又爬到中间，从中间再爬到旁边，量着量着，一寸又一寸，一直量到看不见踪影……

①

有一天，一只饥饿的知更鸟看见了一条一寸虫，碧绿绿的像是一小块祖母绿宝石，停在小树枝上，它正要一口吞掉它。

②

"不要吃我。我是一寸虫。我很有用，我会量东西。""真的吗？"知更鸟说："那你来量一量我的尾巴！"

③

"那容易。"一寸虫说："一、二、三、四、五寸。"

④

"真的呀！"知更鸟说："我的尾巴是五寸长！"然后，它载着一寸虫，飞到别处找其他也要量一量的鸟。

⑤

一寸虫量了火烈鸟的颈子。

⑥

它量了巨嘴鸟的喙。

⑦

有一天早晨，夜莺遇见了一寸虫。"量我的歌。"夜莺说。"我要怎么量歌呢？"一寸虫说："我只量东西，不量歌。""量我的歌，要不然我把你当早点吃掉。"夜莺说。于是，一寸虫想到了一个点子。

"我愿意一试。"它说："开口唱吧！"

⑧

夜莺开口唱，一寸虫动身量。

⑨

它量啊量，量啊量……

⑩

一寸又一寸……

⑪

一直量到不见了踪影……

【作品鉴赏】一寸虫的英文名字叫 Inchworm，学名叫尺蠖，因为行动的时候像人用食指和拇指丈量东西的动作而得名。在人类的世界中，我们随时都会遇到许多困难，但是有很多事情并不是靠强壮的身体或力气大就可以解决的，用智慧来解决问题，往往会比那些外表看似强大的力量来得更有力！就像一寸虫一样，它脆弱得不堪一击，但它化解危机、解救自己的方法，无关身体大小，也无关力气大小，而是对自己的认识和善用智慧。

父母最舍不得告诉孩子的，就是这个世界的险恶，然而，这的确是真切存在的，一寸虫的智慧就是生存的智慧！因此，《一寸虫》也是对孩子们成长很有意义的一个故事。透过这本书，孩子们可以了解到智慧的力量竟然这么大！

该书秉承了作者一贯的拼贴风格，有心的妈妈其实可以和孩子一起自己动手，通过剪废期刊、废画报自己动手做一本这样的绘本。

（三）[中] 余丽琼 / 文、朱成梁 / 图《团圆》（2009 年丰子恺儿童图画书奖作品）

【内容简介】绘本《团圆》讲述的是在外打工的爸爸过年回家的场景。一年不见的爸爸，对于女孩来说，稍显陌生。刚见面的时候，她抗拒和爸爸亲近，见此情景，爸爸赶紧拿出给娘俩的礼物。女孩戴上爸爸买的漂亮帽子，妈妈穿上时尚的衣服、鞋子，他们之间好像亲近了一些。中午，女孩陪爸爸去理发，理完发以后，女孩觉得以前的爸爸回来了。傍晚，爸爸带着孩子贴对联、包汤圆。晚上，女孩在爸妈的怀里睡着，睡得可香了。一家子终于品尝到了团圆的味道。年后爸爸妈妈带着女孩走亲访友。才年初二，爸爸就干起活来，修补门窗、给门刷新漆、换灯泡，还带着女孩去修补屋顶，这可是妈妈从来不准她独自上去的地方！在屋顶，爸爸驮着女孩看街市上的舞龙灯。团圆的日子持续了好多天，某一天女孩起来，发现妈妈在帮爸爸收拾行李，爸爸又要出门了……

【精彩片段】

①

爸爸在外面盖大房子。
他每年只回家一次，那就是过年。
今天，我和妈妈起得特别早。

②

爸爸回家了。

③

我远远地看着他，不肯走近。

爸爸走过来，一把抱起我，用胡子扎我的脸。

"妈妈……"我吓得大哭起来。

"看我给你买了什么！"爸爸赶紧去掏他的大皮箱。

——哦，好漂亮的帽子！

妈妈也换上了爸爸买的新棉袄。

④

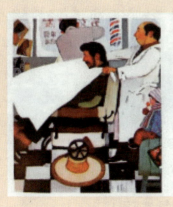

吃过中饭，爸爸对我说："走，剪头去。剪了头，明年就会顺顺当当的。"

我坐在椅子上等爸爸。

呀，镜子里的爸爸越来越像以前的爸爸了！

⑤

晚上家家户户都亮起了大红灯笼，爸爸忙着在家门上贴春联。

⑥

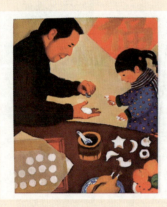

包汤圆喽！

爸爸把一枚硬币包进汤圆里："谁吃到它，谁就会交好运哦！"

这天夜里，爆竹"噼噼啪啪"地响个不停。我依偎在爸爸妈妈中间睡着了，迷迷糊糊地，我听见爸爸妈妈在轻轻地说着话，他们说啊说啊……

⑦

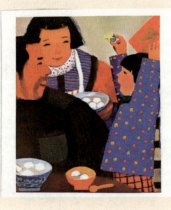

第二天一大早，妈妈就端上了热腾腾的汤圆，爸爸用勺子喂给我吃。

突然，我的牙被一个硬东西硌了一下。"好运硬币！好运硬币！"我叫起来。

"毛毛真棒！快收到兜里，好运就不会跑掉喽！"爸爸比我还开心呢。

妈妈给我换上了新棉袄，要去拜年啦！

⑧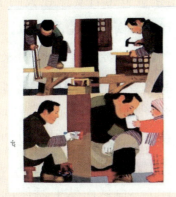

大年初二，天阴沉沉的，要下雪了。一大早，爸爸就忙了起来，补窗户缝、刷新门漆、换新灯泡……

呀，家里一下子变得亮堂了。

"走，补屋顶去喽！"爸爸冲我努了努嘴。

太好了，那儿是妈妈从来不准我一个人上去的地方呢。

⑨

路上，我遇到了大春。

"毛毛，你去哪儿啊？"

"我跟爸爸去拜年！""我也是。看，我有大红包！"

"这有什么稀奇！"我从兜里掏出那枚硬币："我有好运硬币！爸爸包在汤圆里的，给我吃到了！"

⑩

哈，我看见了大春家的屋顶。

"咦，那边是什么声音啊？"

"噢，大街上在舞龙灯呢！"爸爸直起身子，看了看远处。

"在哪儿在哪儿？"我使劲儿踮起脚尖。

爸爸让我骑到了他的肩膀上："这回看到了吧？"

"看到了看到了，他们过来啦！"

【作品鉴赏】本书运用图文并茂的方式讲述了一个普通家庭的中国年。绘本用了全景、中景、和近景三种方式来呈现故事场景。三张全景画，第一张是爸爸刚到家门口的时候，画中呈现了家乡的特色，过年的喜庆，还有躲在门内观察爸爸的小女孩；第二张是夜晚家乡张灯结彩的样子，展现了独具特色的建筑风格和装扮特色。画的右下角是爸爸带着女孩在大门上贴对联，妈妈端着一个砂锅看着父女俩；第三张是小女孩骑在爸爸肩上看到街上舞龙的全景，桥上、路上都是人，其他人家里的窗户和阳台上也都是探出来的人头。中景描绘的是爸爸回家之后的各种活动安排，结合近景来表达具体的人物关系。比如其中有一页，是爸爸妈妈带着女孩去拜年，路上遇到好朋友大春。中景是他们在街上遇到的场景，从这张图可以看到街上卖气球的小贩、开心的孩子，和其他来来往往的人。而近景图，可以看到女孩和大春之间关于红包和好运硬币的对话。绘本把中国特色的建筑、风土人情表现得十分真实，让人看着很有亲切感。作者巧妙地运用色彩营造的氛围和意境，使人、景、物在画面上产生关联，自然而然地诱使读者生发出好奇心、想象力、求知欲，以及阅读兴趣和购买欲望。书的正文采用文图相对的形式，展现了作者精湛的绘画技巧和强烈的个人风格。一幅幅色彩缤纷的单页满版图画和拓展的细腻生动的跨页图，都不是简单地附会于文字之上，而是作者思想、理念、情感、品质的升华和延伸，文字与图画、作品与作者完全融为一体，相互映衬，相得益彰。

（四）［爱尔兰］山姆·麦克布雷尼/文、［英］安妮塔·婕朗/图的《猜猜我有多爱你》

【内容简介】《猜猜我有多爱你》透过山姆·麦克布雷尼温馨的文字和安妮塔·婕朗淡雅精致的插图，生动地勾画出亲子间的生活情态，使这本书成为20世纪童话书的经典之作。

"猜猜我有多爱你？"小兔子问。"噢，我大概猜不出来。"大兔子笑笑地说。"我爱你这么多。"小兔子拼命张开双臂。可是，不管小兔子怎么比，怎么跳，他的爱总是比不上兔妈妈来得多、来得高、来得深、来得远。最后，小兔子终于了解妈妈对他的爱是那么深、那么远，他永远也比不上——在简短但纯真的对话中展露出无边的亲情，温馨感人。

【精彩片段】

①

小栗色兔子该上床睡觉了，可是他紧紧地抓住大栗色兔子的长耳朵不放。

②

他要大兔子好好听他说。

"猜猜我有多爱你。"他说

大兔子说:
"哦,这我可能猜不出来。"

③

"这么多。"小兔子说
他把手臂张开,
开的不能再开。

④

大兔子的手臂要长得多。
"我爱**你**有这么多。"
他说。

嗯,这真是很多,
小兔子想。

⑤

"我的手
举得有多高，
我就有
多爱你。"
小兔子说。

⑥

"我的手
举得有多高，
我就有，
多爱你。"
大兔子说。

这可真高，
小兔子想，
我要是有
那么长的手臂
就好了。

⑦

小兔子
又有了一个
好主意，
他倒立起来，
把脚撑在
树干上。

"我爱你
一直到我的
脚趾头。"
他说。

⑧

大兔子把
小兔子抱起来，
甩过自己的头顶：
"我爱你一直到
你的脚趾头。"

⑨

"我**跳**得多高
就有多爱你！"

小兔子笑着
跳上跳下。

⑩

这真是跳得
太棒了，
小兔子想，
我要是能
跳得这么高
就好了。

"**我**跳得多高
就有多爱你。"
大兔子也笑着
跳起来，
他跳得这么高，
耳朵都碰到树枝了。

【**作品鉴赏**】这是一篇经久不衰的睡前故事。

《猜猜我有多爱你》不止有一个单纯、温馨的故事，粗大的字体和不断反复的叠句最适合父母和孩子紧紧地依偎在床上，在熄灯之前一遍又一遍地轻声朗读了。还有什么比告诉孩子我爱你，更能让孩子安心入睡的呢？说到这里，禁不住又要说说安妮塔·婕朗的画，她那柔和的色彩以及大面积的留面和接近单色的背景，都与"睡前故事"这个样式十分吻合，营造出了一种恬静的视觉效果，一点都不刺眼。

还有，当你读这个睡前故事时，千万不要漏看了它的扉页，就是翻开封面之后写着书名的那一页。

这本书实际上有两个扉页，第一个是张单页，第二个是一个带版权页的跨页。在第一张扉页上，作者画了一只小兔子骑在一只大兔子的脖子上。这时的大兔子是静止不动的，而且她和小兔子的头都扭了过来，一双黑点似的眼睛望着书外，似乎在询问你：嗨，你准备好了吗？原来他们是在邀请我们一起走进这个名叫《猜猜我有多爱你》的故事里。翻过这一页，我们又会看到三幅充满了动感的小图——大兔子背着小兔子扬起了后腿，准备起跳，猛地往斜上方一蹿……这其实是一个连贯的起跳动作——这一跳，两只兔子就带着我们跳到了后面的正文里。于是，我们看到小兔子紧紧地抓住了大兔子的长耳朵，听到他问妈妈："猜猜我有多爱你？"

活动三　幼儿图画书创编

一、改编技巧介绍

幼儿图画书作为一种特殊的幼儿文学体裁，与文字故事不同，其最大的特点就是图文合奏。这里的文字不是图画的说明，图画也不是文字的图解。文字与图画的关系应该是互补的。因此，我们在讲到幼儿图画书的改编时，就会涉及以下两个方面，即文字故事改编为图画故事和图画故事改编为文字故事。

（一）文字故事改编为图画故事

文字故事改编为图画故事的关键是选择合适的底本故事。用于改编的文字故事，首先，应该富有幼儿情趣；其次，还应做到容易出画面、动感强；最后，情节有反复却又略有变化。故事选定后，在改编过程中，在文字和绘画方面也有一些特殊的要求。

1. 文字方面

首先，文字要求简洁、准确、生动、有色彩。图画故事的文字在大多数情况下是绘画的补充，它不可能太长，因而要求简洁、准确、生动、有色彩。

例如，季华的《三只蝴蝶》，原文在开篇交代得很详细："花园里有三只美丽的蝴蝶：一只是红的，一只是黄的，还有一只是白的。他们天天在花园里一块儿跳舞、游戏，非常快乐。"改为图画故事时，可以拟为："红蝴蝶、黄蝴蝶、白蝴蝶是好朋友，他们天天在花园里快乐地跳舞、游戏。"这样一来，既保留了原文红、黄、白、花园、跳舞、快乐游戏等色彩和背景、动作提示，又显得简洁、准确。

其次，文字要求有可视感和动感，即文字在图画中要易于表现。因为图画书是用连续的图画来表现故事，所以改编时就要考虑到画面的设计应该有动感，人物、情节、场景都应该有变化。如果故事单一，缺乏变化发展，画家就很难创造出生动的形象，画面就容易雷同。例：童话《嘎嘎叫的红靴子》的脚本文字。

①笃，笃，笃……

小鸭子听到敲门声，连忙打开屋门。

②早晨，天上下起了鹅毛大雪。

两只小鸭换上漂亮的衣服，准备出发了。

③两只小鸭穿着滑雪板，唱着歌向森林里滑去。

④他们经过一座木房子的时候，不小心，掉进了雪窝窝里面。

⑤傍晚，雪停了。圣诞老爷爷走出木房子，掸掉积雪。啊！一只红红的靴子露了出来。

⑥老爷爷背上装满礼物的红靴子，向树林里走去。

⑦圣诞老爷爷推开小白兔的屋门，立刻被小动物们团团围住了。

⑧圣诞老爷爷笑眯眯地弯下腰，去拿红靴子。小动物们高兴地睁大眼睛，静静地等待着。突然，靴子里传出了奇怪的叫声。

⑨圣诞老爷爷纳闷地举起红靴子，向桌上一倒："哗啦啦——"两只小鸭随着五彩缤纷的礼物也滚了出来。

⑩大家围着美丽的圣诞树，唱啊，跳啊，度过了一个欢乐的夜晚。

在这个脚本中，我们可以看到一连串的动作：打开屋门→换衣服→掉进雪窝→露出靴子→向树林走去→围住老爷爷→睁大眼睛等待→两只小鸭滚出来→跳舞。场景也在不断变换。人物从一个、两个、三个到多个，也在不断变化。每段文字都有可供画家作为绘画依据的句子。

最后，文字要求有节奏感。图画书的文字应该是优美的、有节奏感的语言，这种语言让幼儿在阅读图画书时，既能受到审美的熏陶，也能体会到语言优美的韵律；既能学会正确的语言，又能受语言美的吸引而进入图画故事这个美的世界。

例：日本佐佐木洋子的《刷牙》，其中的脚本文字是：

"刷牙，千万不能忘，唰、唰、唰。"

"跟妈妈说好的，吃完东西要刷牙，唰、唰、唰。"

"上面的牙，下面的牙，前面的牙，里面的牙，唰、唰、唰。"

"含一口水，鼓起腮帮，咕噜、咕噜、咕噜。"

语句浅显、生动、充满节奏和韵律。

需要注意的是，幼儿图画书分为有文图画书和无文图画书。无文图画书虽然在图画中不出现文字，但依然要求改编者事先有个脚本，以便于绘图。

2. 绘画方面

首先，要有统一的版面设计。就像电影剧本一样，先要充分阅读分析文本，梳理故事的主要情节，并将其分解成若干个分镜头；接着要考虑画面的整体基调以及各幅画面之间的过渡与衔接。整本图画书的色彩是明朗还是黯淡？是暖色还是冷色？是对比强烈还是协调统一？每一个画面应该怎样去表达思想？每幅画面之间应如何连贯？什么地方转折？什么地方制造高潮？等等。同时，还要考虑图画与文字之间的关系，力争做到图文互补，共同讲述故事。

其次，画面要富于幼儿情趣，适合幼儿的理解水平。富于幼儿情趣，要求图画书中的每一幅图都要具有幼儿生活气息，充分运用夸张、拟人等手法，抓住每一种动物最突出的特征进行绘画，比如画老虎摔跤，把动物的神态动作画成和幼儿自己摔跤一样，同时，配上其他动物观众对他摔跤的不同反应的画面，就能使幼儿产生情感共鸣，觉得有趣味。适合幼儿的理解水平，从形象上看，幼儿喜欢欣赏人物面部表情夸张、喜怒哀乐表现分明的图画；从画面上看，幼儿喜欢欣赏大轮廓、粗线条、背景简单的图画；从色彩上看，幼儿喜欢欣赏色彩鲜艳、对比强烈的图画。这就要求图画的绘制多用鲜明的色彩，多用水平垂直样式（即只有二度空间的构图方式），如画排队的人一般画成横向，而不画成纵向，将要表现的主要内容放在画面中心，以吸引幼儿的注意力。

再次，画面要有动感、有细节。有动感要求图画故事的画面在读者的眼中是活动的。

例如，《母鸡萝丝去散步》的图画部分，相同的是母鸡萝丝散步时的淡定与从容，不同的是狐狸每一次志在必得的攻击和击而不得后的狼狈，画面与画面之间就构成了一种鲜明的动感。有细节要求图画故事的画面在不影响故事主题线索的前提下，配上丰富的细节，给幼儿更多发现的喜悦。例如，图画书《爷爷一定有办法》，描写的主要是从前犹太人的生活场景，画家在图中安排了地板下老鼠一家的生活场景，幼儿很快就能发现上下两种生活场景是对照来画的，尽管故事中只字未提老鼠一家的生活。

最后，要充分利用图画书翻页阅读的方式。图画书的一个突出特点就是需要翻页欣赏。幼儿常常按照自己的感受和意识来翻页，他们既可以仔细阅读画面的细节，也可以因为急于知道故事的发展而往下翻页，这种快慢就形成了图画书欣赏的节奏。因此，优秀的图画书往往利用翻页的方式让小读者爱不释手，希望在下一个画面中找到满意的情节，给他们期待。例如，《古利和古拉》（中川李枝子/文、大村百合子/图）中，第一个场面是古利和古拉带着大篮子去森林里寻找食物，下面的文字写道："他们边说边走。于是……哇！在路的中间有个很大的……"文字便戛然而止。到底有什么呢？读者赶紧翻页，于是看见有半页大的一个大蛋，比古利和古拉的身体大很多倍。在如何巧妙利用翻页上，这本图画书对我们很有启发。

以上分别讲述了文字故事改编为图画故事时文图方面的创作要求。需要注意的是，在文图合一时，还应注意文图之间的构成关系，画图时应预先设计好文字的位置，以免临时加上文字使整个画面失去均衡感。在书的编排方式上，也应力求活泼多样。

（二）图画故事改编为文字故事

把图画故事改编为文字故事，实际上就是看图编故事。它的关键是根据画面提供的人、物、景展开合理的想象和联想，让画面"动"起来、"活"起来。改编的具体步骤如下。

首先，认真观察图画，特别要注意细节，包括陪衬物和背景物。

其次，根据画面内容进行合理想象。如从图画中角色的外貌、衣着想象其年龄、身份，从角色的动作、神态想象其语言、心理，从画面前后的变化想象故事情节的来龙去脉、前因后果等。在这个基础上，综合一幅幅画面的内容，确定图画故事要表达的主题思想。

最后，依据图画书中的角色形象决定改编为哪一种故事，是童话故事还是幼儿生活故事，并按不同类型幼儿故事的写作要求进行改编，注意详略得当、突出重点。

二、改编案例

案例一　请把下面这则幼儿童话故事《三只蝴蝶》改编为图画故事

故事原文：

三只蝴蝶

季华

花园里有三只美丽的蝴蝶：一只是红的，一只是黄的，还有一只是白的。他们天天在花园里一块跳舞、游戏，非常快乐。

有一天，他们正在草地上捉迷藏，突然下起大雨来。

他们一同飞到红花那里，齐声向红花请求说："红花姐姐，红花姐姐，大雨把我们的翅膀淋湿了，大雨把我们淋得发冷了，让我们到您的叶子下避避雨吧！"

红花说："红蝴蝶的颜色像我，请进来；黄蝴蝶、白蝴蝶，快飞开！"

三只蝴蝶齐声说："我们三个好朋友，相亲相爱不分手，要来一块儿来，要走一块儿走。"

雨下得更大了。三只蝴蝶一起飞到黄花那里，齐声向黄花请求说："黄花姐姐，黄花姐姐，大雨把我们的翅膀淋湿了，大雨把我们淋得发冷了，让我们到您的叶子下避避雨吧！"

黄花说："黄蝴蝶的颜色像我，请进来；红蝴蝶、白蝴蝶，快飞开！"

三只蝴蝶齐声说："我们三个好朋友，相亲相爱不分手，要来一块儿来，要走一块儿走。"

三只蝴蝶一起飞到白花那里，齐声向白花请求说："白花姐姐，白花姐姐，大雨把我们的翅膀淋湿了，大雨把我们淋得发冷了，让我们到您的叶子下避避雨吧！"

白花说："白蝴蝶的颜色像我，请进来；红蝴蝶、黄蝴蝶，快飞开！"

三只蝴蝶，一齐摇摇头说："我们三个好朋友，相亲相爱不分手，要来一块儿来，要走一块儿走。"

三只蝴蝶在大雨里飞来飞去，找不着避雨的地方，真是着急呀！

可是他们谁也不愿意离开自己的朋友。

这时候，太阳公公从云缝里看见了三只蝴蝶着急的样子，连忙把天空的云赶走，叫雨别再下。

天晴了，太阳公公发出热热的光，把三只蝴蝶的翅膀晒干了。

三只蝴蝶迎着太阳一块儿在花园里快乐地跳舞、游戏。

文字脚本：

① "红蝴蝶、黄蝴蝶、白蝴蝶是好朋友，他们天天在花园里快乐地跳舞、游戏。"

② "红花姐姐，红花姐姐，大雨把我们的翅膀淋湿了，大雨把我们淋得发冷了，让我们到您的叶子下避避雨吧！""红蝴蝶颜色像我，请进来，黄蝴蝶、白蝴蝶，快飞开！""我们三个好朋友，相亲相爱不分手；要来一块儿来，要走一块儿走。"

③ "黄花姐姐，黄花姐姐，大雨把我们的翅膀淋湿了，大雨把我们淋得发冷了，让我们到您的叶子下避避雨吧！""黄蝴蝶颜色像我，请进来，红蝴蝶、白蝴蝶快飞开！""我们三个好朋友，相亲相爱不分手；要来一块儿来，要走一块儿走。"

④ "白花姐姐，白花姐姐，大雨把我们的翅膀淋湿了，大雨把我们淋得发冷了，让我们到您的叶子下避避雨吧！""白蝴蝶颜色像我，请进来，红蝴蝶、黄蝴蝶快飞开！""我们三个好朋友，相亲相爱不分手；要来一块儿来，要走一块儿走。"

⑤ "三只蝴蝶在大雨里飞来飞去，找不着避雨的地方，真是着急呀！可是他们谁也不愿意离开自己的朋友。"

⑥ "太阳公公赶走了天空的云，叫雨别再下，晒干了三只蝴蝶的翅膀。三只蝴蝶迎着太阳一块儿快乐地跳舞、游戏。"

故事配图：

①   ②

③　　　　　　　　　　　　　④

⑤　　　　　　　　　　　　　⑥

案例二 请把下面这则无文图画故事《小兔家的窗》改编为文字故事

图画故事:《小兔家的窗》

①　　　　　　　　　　　　　②

③　　　　　　　　　　④

文字故事：

小兔用大萝卜造了一间屋子，窗户还没有装好，它就急急忙忙住进去了。

冬天到了，天气真冷！大雪花飘呀飘呀，飘进了小兔的屋子里；大风吹呀吹呀，也吹进了小兔的屋子里。小兔缩成了一团，冷得发抖。它望望窗户想："我得找样东西来挡挡风雪，不然会冻死的！"

于是，小兔就出去找东西。它来到小河边，看到小河结冰了，就用铲子凿了一大块冰。它把这一大块冰搬回家，安在窗框上。这下可好了！冰窗挡住了风雪，风雪再也吹不进屋了！小兔喝着热开水，心里真高兴。

寒冷的冬天一天天过去了，暖和的春天就要来了。有一天，小兔出去采蘑菇。它刚从外面回来，忽然看见窗户上的冰不见了，窗下只有一滩水。小兔急得一下子坐在了地上，呜呜地哭起来。

小熊猫听见哭声，急忙跑来，它一看，明白了是怎么回事，就指着地上的水，对小兔说："别哭啦，春天来了，天气变暖和了，冰就会化成水。我还是帮你找一块玻璃装上吧。"

小兔听了，高兴地点点头，不哭了。

三、改编评价要点

（一）选材恰当

需要说明的是，这里的选材，主要指的是将文字故事改编为图画故事时的选材。选材是否恰当，往往关系到改编的成败。一般而言，考查一篇文字故事是否适合改编为图画故事时，需要考虑以下几个方面。

首先，考查文字故事的内容是否具有叙述性，一般而言，抒情性的作品往往很难改编为图画故事。例如，冰波的抒情童话《小青虫的梦》，虽然也可以较容易配图，但文字脚本在改编时就很难恰如其分地取舍了，最终也就很容易沦为插图故事，而不是文图互补的幼儿图画书。

其次，考查文字故事的内容是否适合用图画来表现。具体而言，就是从人物形象到情节情境的发展变化、从环境背景到色彩对比等方面的设计是否便于画面的表现，如果没有这种画面感，文字稿即便写得再好也不适宜改编。例如，《老牛和跳蚤的故事》虽然童话可以写得很生动，但画成图画就很困难，因为两者在体形上悬殊太大；再如，心理活动丰富的幼儿故事、图画书也很难表现。

最后，考查文字故事的情节复杂程度是否适合改编。因为幼儿图画书的页面毕竟有限，复杂的故事难以表现。例如，安徒生的长篇童话就不太适宜改为幼儿图画书。

（二）文字方面

这里的"文字"包含两个方面：一是有文图画故事的文字；二是无文图画故事的构思。

首先，考查幼儿图画故事的语言是否具有可视感和动感。可视感指的是文字在图画中要易于表现。例如，"大灰狼从树后跳了出来"和"日子一天天过去了"两句，显然，前一句比后一句更容易用图画表现出来。"动感"指的是幼儿图画故事的创编首先要考虑到情节、场景、人物应有变化。单一的场景、人物和平淡的情节会使画面雷同，作画者很难画出新意。例如，在冰波的童话《买梦》中，白天、黑夜、清晨交替变化，同时做梦，有在湖里游的梦，有在蓝天飞的梦，有荡秋千的梦。时间、场景的多次切换增强了动感，使静止、瞬间的绘画艺术同流动、连续的语言艺术达到了完美统一。

其次，考查幼儿图画故事中的文字是否有节奏感。幼儿图画故事要求"图画为主，文字为辅"，并不是说文字只能是干巴巴的内容梗概；相反，它应当是生动、优美、富于节奏感的语言。例如，图画故事《老鼠嫁女》的语言，脚本采用儿歌的形式，读来朗朗上口，合辙押韵，节奏鲜明，使幼儿在朗读过程中也能获得一种身心上的愉悦。

最后，考查幼儿图画故事中的文字是否做到了准确、精练、生动、有色彩。因为图画故事中的文字大多数情况下只是图画的补充，所以它不宜太长，太长则容易喧宾夺主。用最精练的文字来表达最丰富的内容，最好还要有色彩。例如，《金色的房子》的第一句："红的墙，绿的窗，金色的屋顶亮堂堂。"不仅合辙押韵，朗朗上口，而且色彩也十分艳丽。

（三）绘画方面

幼儿图画故事中的图画是图画故事的主体，具有语言叙述的功能，承担着叙事抒情、表情达意的任务。它既要符合幼儿欣赏图画的特点，又要符合图画绘制的基本要求。

首先，考查图画是否符合幼儿欣赏图画的特点。比如，是否符合 3 ~ 6 岁幼儿观察事物的特点——大轮廓、粗线条，突出形象的外部特征；是否符合幼儿对于鲜明、生动、色彩对比强烈、有变化的事物感觉敏锐的特点。换句话说，图画故事的画面是否做到了淡化背景，突出人物形象，尤其是人物的面部表情（如用夸张的手法表现人物的喜怒哀乐等）；突出动物形象的个体特征，如大象的长鼻子、小猪肥胖的身躯、河马的大嘴巴等。图画是否照顾到了幼儿对鲜艳色彩的偏爱，借助色彩对比丰富幼儿的审美体验。例如，《黑猫警长》中黑猫的形象，借助黑白两色突出了黑猫威严、庄重的性格特征，是其他颜色无法替代的。再如，给年龄较小的幼儿绘画时，应多用简单、鲜艳的颜色，少用复杂、对比不鲜明的混合色、过渡色等。

其次，考查图画在形式、构图等方面是否适合幼儿的理解水平，是否富有幼儿的生活情趣。例如，画老虎摔跤，能否把动物的神态动作画成和幼儿自己摔跤一样；或是运用夸张和拟人的手法，画出老虎、狮子的威风凛凛、猴子的淘气、兔子的胆小警觉等。在为幼儿作画时，是否大多采用水平垂直样式，即只有二度空间的构图方式，如排队的人一般应画成横向；画群山不采用纵向虚实相生的构图法，而是采用横向或让后面的山重重叠叠竖起来的直观构图法等。

再次，考查每幅画是否注重了细节刻画，富有动态感。比如《鼠小弟的小背心》，通篇都用一个方框来代替一方舞台，体现了画面的连续性；而试穿小背心的动物一个比一个大，画面也一次比一次满，等到大象出场时，甚至连耳朵都冲出了画框，而大象的大与背心的小则形成了强烈的反差，又使得画面富有很强的动态感。

最后，考查图画是否同文字一样，体现了故事情节的开篇、发展、高潮、结局的衔接与变化。例如，日本作家宫西达也的《你看起来好像很好吃》和杨红缨的《小迷糊兔》，通过每幅图画的大小、色彩、镜头远近的变化来表现出故事的节奏和韵味。

探究与实践

一、名词解释

图画书。

二、简答题

1.简述幼儿图画书的构成要素和分类。

2.简述幼儿图画书的特点。

三、论述题

以小组为单位，分别为小、中、大班的幼儿选编5～10本适合他们欣赏的图画书，在全班进行推介。

四、创作题

两人一组，也可以单兵作战，选择一篇文字故事，并将其改编为一本适合幼儿阅读欣赏的图画书。

单元五

童话

学习目标

- ◆ 了解童话的概念、起源、发展及与神话、传说的区别。
- ◆ 掌握童话的特点、表现手法及分类。
- ◆ 掌握欣赏幼儿童话的方法。
- ◆ 学会改编适合幼儿听赏的童话,为今后在幼儿园更好地开展语言课打下基础。

情境导入

在幼儿园,一些幼儿吃饭时总会出现挑食的现象,不管老师怎么讲,效果总是不太好。针对这种情况,有一位老师为幼儿们讲了一个童话故事——《挑食的小狗熊》。故事中的小狗熊只吃零食不爱吃饭,结果头晕肚子疼,公鸡医生诊断为营养不良,嘱咐小狗熊,不能再吃零食了,要多吃米饭、鱼、肉、蔬菜、水果。从此,小狗熊每天乖乖吃饭,身体恢复了健康。

老师通过讲述童话故事来纠正幼儿的不良生活习惯,更加生动形象,比单纯的说教效果更好。童话是幼儿文学中深受幼儿喜爱的文学样式之一,一名合格的幼儿教师也应该掌握讲述童话故事的技能。

活动一　认识童话

一、童话的概念与发展

（一）童话的概念

童话是一种具有浓厚幻想色彩的虚构故事，它最贴近儿童的心理，是儿童文学中特有的体裁。童话中比较浅显、适合幼儿听赏的作品是幼儿童话。幼儿童话是幼儿文学中数量最多、最受幼儿欢迎的文学样式。

不管是"童话"这个概念，还是童话这种文体本身，可以说都是舶来品。在我国古代，并没有"童话"的名称，却存在不少成文的民间故事，如《田螺姑娘》《十兄弟》等。"童话"这一名称最早出现于我国清代末年。1909 年（宣统元年），商务图书馆出版了孙毓修主编的《童话》一书，从此"童话"一词开始使用。但当时所称的"童话"，其实是泛指给孩子阅读的各种故事。"五四"新文化运动以后，童话作为一种幻想性极强的叙事文体、一种儿童文学的重要样式，终于得到人们普遍的承认。

（二）童话的起源与发展

1. 童话起源于神话和传说

童话的起源可以追溯到历史久远的神话和传说。神话是原始人类在生产力和知识水平低下的原始时期，对自己不认识、不理解的一些自然和社会现象所做的幻想性解释。传说是一种与一定的地点、人物、历史事实、自然风物和社会习俗有一定联系的故事。由神话和传说演变而来的民间故事可分为现实性较强的故事和幻想性较强的故事（民间童话）两大类。民间童话的幻想世界、艺术形象、表现手法与神话传说一脉相承，但角色自由灵活，不受限制。民间童话作为一种口头创作，在各民族中世代相传。

2. 从民间童话发展至文学童话

随着时代的发展，不同地区、不同民族的人们按照各自的需要，从各个角度对民间童话加以补充和改造。古印度的《五卷书》、阿拉伯民族的《一千零一夜》等都是经过搜集整理而成的民间童话集。较早对民间童话进行改写的是法国作家夏尔·贝洛，他从欧洲的传说故事中取材，写成《小红帽》《睡美人》《灰姑娘》等童话，于 1697 年结集为《鹅妈妈的故事》。大量搜集整理民间童话的是 19 世纪德国的格林兄弟，他们以《儿童和家庭故事集》为名发表的二百多篇童话，是具有世界影响力的第一部巨型民间故事集。

世界童话大师安徒生（1805—1875 年）起初的创作，如《打火匣》《小克劳斯和大克劳斯》等也取材于民间童话，而稍后的《小意达的花儿》《海的女儿》《丑小鸭》等则体现了作家的创作风格。安徒生是文学童话的奠基人，他的童话标志着文学童话的诞生，他开创了作家创作童话的时代。

19 世纪中叶以来，欧洲各国童话佳作不断问世，童话的体裁由短篇进展至中、长篇。其中，有不少是幼儿童话，如英国作家金斯莱的长篇《水孩子》、卡罗尔的中篇《爱丽丝漫游奇境记》、意大利科洛迪的长篇《木偶奇遇记》等。

中国的创作童话出现于五四运动前后。1923 年，叶圣陶的童话集《稻草人》出版，这是我国第一部创作童话集。20 世纪 30 年代初，张天翼发表了长篇童话《大林和小林》《秃秃大王》等，为我国的长篇童话创作奠定了基础。

1949 年后，我国的童话创作取得了巨大发展。题材、主题、表现手法都有新的拓展。如洪汛涛的《神笔马良》、金近的《小鲤鱼跳龙门》、葛翠琳的《野葡萄》、孙幼军的《小布头奇遇记》等都是童话中的名篇。20 世纪 80 年代以来，童话创作再度繁荣，出现了郑渊洁、冰波、周锐、张秋生、郑春华、杨红樱、王一梅、熊磊等一大批中青年儿童文学作家，他们的创作摆脱了单纯的教育功能，更加突出童话的审美价值，这批作家已经成为近二十年来童话创作的中坚力量。

二、童话的特点

（一）丰富奇异的幻想

瑞士学者麦克斯·吕蒂说："童话是人与人以及人与世界关系的富有诗意的幻想。"幻想，是童话的基本特征。童话幻想内容的特殊形态在于它与现实生活中幼儿特殊的心理、情感和思维方式是相互一致和协调的。学前期是人生的幼年阶段，也是儿童的早期阶段。幼儿天真活泼，知识不多，但他们的想象发展迅速，想象内容丰富而美妙，能想象离生活较远的事物，正如鲁迅所说："孩子是可以敬服的，他常常想到星月以上的境界，想到地面下的情形，想到昆虫的语言；他想飞上天空，他想潜入蚁穴……"而且，幼儿常常区分不清想象中的事物和现实中的事物。这种无处不在、无所不能的想象，带有明显的幼稚性和夸张性，它们是童话的核心和灵魂。

比如，英国作家乔治·麦克唐纳所著的童话《北风的背后》，可谓将奇妙的幻想发挥到了极致。故事写一个小孩在北风的后面，目睹了北风由温柔到凶狠的过程：当北风坐在自己的家门口，根本不打算出发（即北风尚未生成）时，她是一个文静的、有着一头长发的美丽的女子；渐渐地，她舞动起来了，先是像蜘蛛，继而像蝴蝶，慢慢地变成了金龟子，接着变成了游鼠、猫、烈豹，最后终于变成了一匹暴怒的孟加拉虎。当幼儿面对这样的文学作品时，想不着迷是不可能的。

（二）运用多种艺术表现手法

童话的艺术幻想主要通过拟人、夸张、象征的手法来表现。此外，还可以运用神化、变形、怪诞等手法。

1. 拟人

拟人是表现童话幻想的主要手段，拟人的范围十分广泛，包括对动物、植物、非生物、自然现象以及观念、概念、思想品格等方面。严文井的《四季的风》，借助拟人的手法，让我们看到了真诚善良的风对一个失去双亲、病卧茅屋的苦孩子体贴入微的关怀，是何等凄婉感人啊！

另外，拟人形象虽然具有人的某些特点，但又不等同于生活中真实的人，身上仍然保留某些"物"的属性。

小布头奇遇记（节选）

小布头从苹苹的衣袋里探出脑袋瓜儿来。他看见车上除了苹苹，还有两个小朋友，他们住在同一幢大楼里。

不一会儿，儿童车停住了。蹬车的李伯伯打开小门儿，把最小的小朋友抱了下去。他刚要回头来抱第二个，只听得"哎呀"一声喊，先下去的小朋友不知怎么地摔了个大跟头，趴在雪地里哭起来。

视频：《小布头奇遇记》

苹苹一听到小朋友摔倒了，急忙站起来，要跳下车去。

"呀，"小布头趴在衣袋口上想，"这可是个好机会。我得勇敢点儿，赶快溜出去"。

苹苹弯着腰往下跳，小布头就趁这机会，从她的衣袋里溜了出来，留在儿童车里的板凳上。

李伯伯已经把摔倒的小朋友扶起来了。苹苹给小朋友拍掉了身上的雪，还哄小朋友说："快别哭，咱们到家啦！"

李伯伯拉着小朋友的手，把他们送到大楼门口。小朋友说："李伯伯，明天见！"

"小朋友，明天见！"李伯伯说。

李伯伯没看见小布头还留在儿童车里。他关上小门儿，骑上车子就蹬走了。

苹苹也一点儿不知道，小布头已经溜出了她的衣袋。

小布头就这样逃走了，就这样离开了苹苹。

点评： 孙幼军的长篇幼儿童话《小布头奇遇记》中的"小布头"，幼稚、纯真、善良，很富同情心，但又比较调皮，还有点小小的任性，活脱脱是个拟人化的小孩子形象。可是，它也遵循物性原则，是一个只能借助外力才能移动的布娃娃：小布头从苹苹的衣袋里说是溜了出来，其实是"掉了"。

2. 夸张

与一般写实性的文学中的夸张不同，童话的夸张是一种强烈的、极度的夸张，童话运用夸张在于造就浓烈的幻想氛围；突出所描绘的形象和环境的主要特征，同时，也使作品产生诱人的趣味性，如安徒生的《豌豆公主》里面的娇贵的公主，因为在 20 床垫子、20 床鸭绒被下有一粒小小的豌豆竟觉得不舒服极了，硌得全身青紫。强烈的夸张反映了贵族生活奢靡的本质，突出表现了作者对统治阶级的讽刺。

3. 象征

象征是通过借助具体可感的事物把一些抽象的思想和情感表现出来的艺术手法。象征是童话把幻想与现实结合的重要方式。童话中很多大家熟悉的象征物已经逐渐形成固定的符号和内涵，如"宝葫芦"象征不劳而获的懒惰思想，"丑小鸭"象征出身卑微却自信坚忍，最终赢得辉煌的成功者形象等。

4. 神化

神化是指在童话中运用神话中赋予形象超自然力量的艺术手法。例如，传统童话中的飞毛腿、千里眼，再如，苏联童话《七色花》中有七片不同颜色透明花瓣的花朵，能帮助小珍妮随心所欲地实现愿望。

5. 变形

变形是运用幻想把人形变成其他各种事物，或者使人体的某一部分变形。前者称为全部变形，如《格林童话》中王子因中了魔法而变成了青蛙；后者称为局部变形，如《木偶奇遇记》中的匹诺曹说了谎话鼻子就会变长。

知识窗

童话中的变形一般在三种情况下产生。

(1) 魔法变形。因中了某种魔法而产生变形，然后故事的展开即是围绕着如何恢复原形的艰难斗争。"青蛙王子"和"野天鹅"们都是这样的精彩故事，"青蛙王子"和"野天鹅"们最终都借助外力恢复了王子的原形。

(2) 异化变形。因吞吃了异物或经历了某种过程而变形。例如，包蕾的《小胖变皮球》中的小胖，因懒惰，老爱蜷缩着睡懒觉，久而久之就退化成了皮球形，只能滚着走路。

(3) 自己变形。即本身具有某种魔力，可随心所欲使自己变形。例如，《白雪公主》中的皇后能变成巫婆。

6. 怪诞

怪诞是指使现实中的形象、现象具有离奇古怪的形式。张天翼笔下的秃秃大王身高仅三尺，红眼睛，满脸绿毛。秃头放光可当灯，牙齿能随着喜怒哀乐自由伸缩，这就是人物形象的怪诞。

（三）情节结构模式多样

常为童话所采用的结构模式有三段式、循环式和对照式。

1. 三段式

在传统童话中，最为典型的结构模式就是三段式，即将性质相同而具体内容相异的三个或三个以上的事件连贯在一起。如格林兄弟的《灰姑娘》中灰姑娘三次从舞会逃离。

2. 循环式

故事情节的展开仿佛转了一个圆圈，周而复始。如我国儿童文学作家方轶群的《萝卜回来了》，就典型地运用了循环式结构。

3. 对照式

以性格截然相反的人物为中心，两两对照或将同一人物前后不同的表现和遭遇对照。如我国台湾作家木子的《长腿七和短腿八》，通过两个具有可比性的形象来完成奇巧的构思。

三、童话的分类

（一）童话的分类

根据不同的分类标准，可以把童话分成不同的类型。

（1）从作者分，有民间童话和创作童话。

（2）从体裁分，有童话故事、童话诗、童话剧等。

（3）从篇幅长短分，有长篇童话、中篇童话、短篇童话等。

（4）从内容分，有文学童话和科学童话（知识童话）。

（二）童话人物形象的类型

童话按其表现形态的不同，可以分为三种童话人物形象类型。

1. 超人体形象

超人体形象是指具有超人的神奇能力，能创造自然奇迹的形象。如普希金童话诗《渔夫和金鱼的故事》中可以满足老渔夫的各种要求的金鱼；安徒生《海的女儿》中的巫婆等。此外，这类形象除了包括人的形象，也包括物的形象。例如，《白雪公主》中的魔镜，《一千零一夜》中的神灯，《蓝色皮鞋》中的皮鞋等。

2. 拟人体形象

拟人体形象是童话中最常见的艺术形象。在童话里，那些花花草草、猫儿狗儿等都可以像人一样说话、行动，如果它们不会说话，那么幼儿可能就会对童话失去兴趣。

3. 常人体形象

常人体形象是以人的本来面目出现于童话中的形象。如格林童话中的小红帽，安徒生童话《卖火柴的小女孩》中的小女孩，尽管这些形象与现实生活很贴近，但他们仍然是作家经过提炼和想象而创造出来的。

活动二　童话作品导读

一、著名作家简介

（一）格林兄弟

雅各·格林（1785—1863年）、威廉·格林（1786—1859年），德国民间文学搜集整编者。他们出身官员家庭，曾在同一所学校学习法律，又在同一所图书馆工作，后一同到柏林大学任教，世称"格林兄弟"。他俩共同编成《儿童与家庭童话集》（1857年出最后一版，共216篇故事），其中的《灰姑娘》《白雪公主》《小红帽》《勇敢的小裁缝》等名篇，已成为世界各国儿童喜爱的杰作。

《格林童话》自1812年问世以来，已被译成近100种文字，在世界各国，广泛流传。它主要通过三种形象：妖精类形象、动物类形象和常人类形象的遭遇来歌颂光明、正义、善良和美德，鞭挞邪恶、黑暗和凶暴，对孩子很有教育意义。

（二）安徒生

汉斯·克里斯蒂安·安徒生（1805—1875年）出生于丹麦一个贫穷的鞋匠家庭，童年生活贫苦。父亲是鞋匠，母亲是佣人。早年在慈善学校读过书，当过学徒工。受父亲和民间口头文学影响，他从小就酷爱文学。安徒生文学生涯始于1822年的编写剧本。他最著名的童话故事有《海的女儿》《拇指姑娘》《卖火柴的小女孩》《丑小鸭》《皇帝的新装》等。安徒生生前曾得到皇家的致敬，并被高度赞扬：给全欧洲的一代孩子带来了欢乐。他的作品《安徒生童话》已经被译为150多种语言，成千上万册童话书在全球陆续出版和发行。

安徒生是丹麦著名的童话天才，他被称为"世界儿童文学的太阳"，他是第一个自觉争取为下一代儿童进行童话创作的人。他一生写了168篇童话，取得了很大的成就，其数量之多、流传之广、艺术成就之高是前所未有的。

（三）张天翼

张天翼（1906—1985年），是我国现当代文学史上著名作家之一。他从1929年从事职业写作开始，毕生致力于儿童文学创作，取得了巨大成就，为中国儿童文学的发展做出了巨大贡献，成为继叶圣陶、冰心等儿童文学先驱之后，把我国现代儿童文学提高到一个新水平的作家。1932和1933年，张天翼陆续发表了童话《大林和小林》《秃秃大王》，这两篇童话的问世给20世纪30年代的中国儿童文学注入了强大活力，也奠定了张天翼在中国儿童文学史上的重要地位，特别是作品中所表现出来的奇特幻想和极度夸张引起了强烈反响。

此外，张天翼的代表作还有童话《宝葫芦的秘密》《不动脑筋的故事》《金鸭帝国》等。其中儿童小说《罗文应的故事》荣获第一次全国少年儿童文学艺术创作一等奖。

（四）葛翠琳

葛翠琳（1930—2022年），女，汉族，出生于河北省乐亭县。1949年开始发表作品。童话《野葡萄》《翻筋斗的小木偶》《会唱歌的画像》《核桃山》先后获中国作协全国优秀儿童文学奖，由《野葡萄》改编的木偶片获1986年慕尼黑电视节青少年电视节目奖。其多部作品被译为英、法、德、俄、日文在海外出版。多位作家曾在葛翠琳的关怀和作品影响下走上文学创作之路，是她们心中的"儿童文学祖母"。

（五）郑渊洁

郑渊洁，1955 年出生于河北省石家庄市，中国当代作家。1977 年开始文学创作。1979 年 9 月 15 日，处女作童话《黑黑在诚实岛》发表在《儿童文学》杂志上。1985 年，创办《童话大王》杂志，专门刊登自己的作品。2006 年 1 月，大型童话丛书《皮皮鲁总动员》出版。2008 年 12 月获"中华慈善楷模奖"。其代表作品有《皮皮鲁和鲁西西》《舒克和贝塔》《魔方大厦》等，有"童话大王"之称。

（六）王一梅

王一梅，女，1970 年生于江苏太仓，中国作家协会会员。1994—2004 年，王一梅共发表短篇童话 300 余篇，出版作品 80 多部，出版长篇童话《鼹鼠的月亮河》《住在雨街的猫》《恐龙的宝藏》《木偶的森林》，系列童话《糊涂猪》，短篇童话集《第十二只枯叶蝶》《书本里的蚂蚁》《兔子的胡萝卜》等二十几种绘本。获第十届国家"五个一工程奖"，第五届、第六届全国优秀儿童文学奖，第五届国家图书奖，多次获得冰心儿童图书奖和陈伯吹儿童文学奖等奖项。

二、经典作品导读

（一）［德国］雅各·格林　威廉·格林的《狼和七只小山羊》

狼和七只小山羊

［德国］雅各·格林、威廉·格林

从前有只老山羊。它生了七只小山羊，并且像所有母亲爱孩子一样爱它们。一天，它要到森林里去找食物，便把七个孩子全叫过来，对它们说："亲爱的孩子们，我要到森林里去一下，你们一定要提防狼。要是让狼进了屋子，它会把你们全部吃掉的——连皮带毛通通吃光。这个坏蛋常常把自己化装成别的样子，但是，你们只要一听到它那粗哑的声音、一看到它那黑黑的爪子，就能认出它来。"小山羊们说："好妈妈，我们会当心的。你去吧，不用担心。"老山羊咩咩地叫了几声，便放心地去了。

没过多久，有人敲门，而且大声说："开门哪，我的好孩子。你们的妈妈回来了，还给你们每个人带来了一点东西。"可是，小山羊们听到粗哑的声音，立刻知道是狼来了。"我们不开门，"它们大声说，"你不是我们的妈妈。我们的妈妈说话时声音又软又好听，而你的声音非常粗哑，你是狼！"于是，狼跑到杂货商那里，买了一大块团粉，吃了下去，结果嗓子变细了。然后它又回来敲山羊家的门，喊道："开门哪，我的好孩子。你们的妈妈回来了，还给你们每个人都带了点东西。"可是狼把它的黑爪子搭在了窗户上，小山羊们看到黑爪子便一起叫道："我们不开门。我们的妈妈没有你这样的黑爪子。你是狼！"于是狼跑到面包师那里，对他说："我的脚受了点伤，给我用面团揉一揉。"等面包师用面团给它揉过之后，狼又跑到磨坊主那里，对他说："在我的脚上撒点白面粉。"磨坊主想"狼肯定是想去骗什么人"，便拒绝了它的要求。可是狼说："要是你不给我撒面粉，我就把你吃掉。"磨坊主害怕了，只好撒了点面粉，把狼的爪子弄成了白色。

这个坏蛋第三次跑到山羊家，一面敲门一面说："开门哪，孩子们。你们的好妈妈回来了，还从森林里给你们每个人带回来一些东西。"小山羊们叫道："你先把脚给我们看看，好让我们知道你是不是我们的妈妈。"狼把爪子伸进窗户，小山羊们看到爪子是白的，便相信它说的是真话，打开了屋门。然而进来的是狼！小山羊们吓坏了，一个个都想躲起来。第一只小山羊跳到了桌子下，第二只钻进了被子，第三只躲到了炉子里，第四只跑进了厨房，第五只藏在柜子里，第六只挤在洗脸盆下，第七只爬进了钟盒里。狼把它们一个个都找了出来，毫不客气地把前六只小羊全都吞进了肚子。只有躲在钟盒里的那只最小的山羊没有被狼发现。狼吃饱了之后，心满意足地离开了山羊家，来到绿草地上的一棵大树下，躺下身子开始呼呼大睡起来。

没过多久，老山羊从森林里回来了。啊！它都看到了些什么呀？屋门敞开着，桌子、椅子和凳子倒在地上，洗脸盆摔成了碎片，被子和枕头掉到了地上。它找它的孩子，可哪里也找不到。它一个一个地叫它们的名字，可是没有一个出来答应它。最后，当它叫到最小的山羊的名字时，一个细细的声音喊叫道："好妈妈，我在钟盒里。"老山羊把它抱了出来，它告诉妈妈狼来过了，并且把哥哥姐姐们都吃掉了。大家可以想象出老山羊失去孩子后哭得多么伤心！

老山羊最后伤心地哭着走了出去，最小的山羊也跟着跑了出去。当它们来到草地上时，狼还躺在大树下睡觉，呼噜声震得树枝直抖。老山羊从前后左右打量着狼，看到那家伙鼓得老高的肚子里有什么东西在动个不停。"天哪，"它说，"我的那些被它吞进肚子里当晚餐的可怜的孩子，难道它们还活着吗？"最小的山羊跑回家，拿来了剪刀和针线。老山羊剪开那恶魔的肚子，刚剪了第一刀，一只小羊就把头探了出来。它继续剪下去，六只小羊一个一个都跳了出来，全都活着，而且一点也没有受伤，因为那贪婪的坏蛋是把它们整个吞下去的。这是多么令人开心的事啊！它们拥抱自己的妈妈，高兴得又蹦又跳。可是羊妈妈说："你们去找些大石头来。我们趁这坏蛋还没有醒过来，把石头装到它的肚子里去。"七只小山羊飞快地拖来很多石头，拼命地往狼肚子里塞；然后山羊妈妈飞快地把狼肚皮缝好，结果狼一点也没有发觉，它根本没有动弹。

狼终于睡醒了。它站起身，想到井边去喝水，因为肚子里装着的石头使它口渴得要死。可它刚一迈脚，肚子里的石头便互相碰撞，发出哗啦哗啦的响声。它叫道："是什么东西，在碰撞我的骨头？我以为是六只小羊，可怎么感觉像是石头？"

它到了井边，弯腰去喝水，可沉重的石头压得它掉进了井里，淹死了。七只小山羊看到后，全跑到这里来叫道："狼死了！狼死了！"它们高兴地和妈妈一起围着水井跳起舞来。

点评:《狼和七只小山羊》是一篇家喻户晓的名作，它具有民间童话的典型特征："从前……"式的开头，以三段式的反复结构展开情节，团圆的大结局让孩子们高兴。整个童话写得单纯明朗而又童趣十足，其中，小山羊的天真、狼的凶恶狡猾、山羊妈妈对孩子的柔情都通过生动的语言和行动表现了出来。这篇作品自格林童话问世以来就一直在全世界小朋友中流传。

（二）嵇鸿的《雪孩子》

雪孩子

嵇 鸿

雪，下个不停，一连下了好几天。

一天，天晴了，兔妈妈要出门去。小白兔嚷着："妈妈，我也要去！"

兔妈妈说："好孩子，妈妈有事，你不能跟了去。"兔妈妈给小白兔堆了个雪孩子，小白兔有了小伙伴，心里真高兴，就不跟妈妈去了。

小白兔跳舞给雪孩子看，唱歌给雪孩子听。他玩累了，就回家去睡午觉。"屋子里真冷，赶快往火堆里添把柴！"

小白兔添了柴，把火烧得旺旺的，屋子里就暖和了。他躺在床上，合上眼睛，一会儿就睡着了。

火越烧越旺，小白兔家着火了。可是小白兔睡得正香，他一点儿也不知道。

"不好啦，小白兔家着火了！"雪孩子看见小白兔家的窗子里冒出黑烟，冒出火星，他一边喊，一边向小白兔家奔去。

"小白兔，小白兔，你在哪里？"雪孩子冲进屋子去，冒着呛人的烟、烫人的火，找呀，找呀，找到小白兔了，连忙把小白兔抱起来，跑出屋子去。

小白兔得救了，可是雪孩子融化了，浑身水淋淋。

这时候，树林里的小猴子、小刺猬都赶来救火了，不一会儿，就把火扑灭了。兔妈妈回来了，她说："谢谢大家来救火，谢谢大家！"

小猴子、小刺猬他们说："是谁救了小白兔，真得谢谢他呢！"

是谁救了小白兔？是雪孩子。可是雪孩子不见了，他已经化成水了。

不，雪孩子还在呢，瞧，太阳晒着晒着，他就变成很轻很轻的水汽，飞呀，飞呀，飞到天空里去，变成了一朵白云、一朵美丽的白云。

点评:《雪孩子》是一篇兼有情感性和知识性的优秀童话。兔妈妈对小兔的爱、小兔子的顽皮和粗心、雪孩子的舍己为人，每一个拟人体的童话形象都带给小读者很深的印象，既突出了动物的"物性"（如兔妈妈去找萝卜，雪孩子化成了水），又充满了幻想（如小兔子和雪孩子的玩耍，雪孩子的救火）。值得注意的是，作者对作品的结局处理得非常艺术，并没有突出雪孩子的"死"，而是写他变成了一朵美丽的白云，这种描述也非常符合幼儿的想象。

（三）方轶群的《萝卜回来了》

萝卜回来了

方轶群

雪这么大，天气这么冷，地里、山上都盖满了雪。小白兔没有东西吃，饿得很，他跑出门去找。

小白兔一面找一面想：雪这么大，天气这么冷，小猴在家里，一定也很饿。我找到了东西，去和他一起吃。

小白兔扒开雪，嘿，雪底下有两个萝卜。他多高兴呀！

小白兔抱着萝卜，跑到小猴家，敲敲门，没人答应。小白兔把门推开，屋子里一个猴子也没有。原来小猴不在家，也去找东西吃了。

小白兔就吃掉了小萝卜，把大萝卜放在小猴家的桌子上。

这时候，小猴在雪地里找呀找，他一面找一面想：雪这么大，天气这么冷，小鹿在家里，一定也很饿。我找到了东西，去和他一起吃。

小猴扒开雪，嘿，雪底下有许多花生。他多高兴呀！

小猴带着花生，向小鹿家跑去；跑过自己的家，看见门开着。他想：谁来过啦？

他走进屋子，看见萝卜，很奇怪，说："这是从哪儿来的？"他想了想，知道是好朋友送来给他吃的，就说："把萝卜也带去，和小鹿一起吃！"

小猴跑到小鹿家，门关得紧紧的。他跳上窗台一看，屋子里一只鹿也没有。原来小鹿不在家，也去找东西吃了。

小猴就把萝卜放在窗台上。

这时候，小鹿在雪地里找呀找，他一面找一面想：雪这么大，天气这么冷，小熊在家里，一定也很饿。我找到了东西，去和他一起吃。

小鹿扒开雪，嘿，雪底下有一棵青菜。他多高兴呀！

小鹿提着青菜，向小熊家跑去；跑过自己的家门时，看见雪地上有许多脚印，他想：谁来过啦？

他走近屋子，看见窗台上有个萝卜，很奇怪，说："这是从哪儿来的？"他想了想，知道是好朋友送来给他吃的，就说："把萝卜也带去，和小熊一起吃！"

小鹿跑到小熊家，大门锁着。屋子里没有熊。原来小熊不在家，也去找东西吃了。

小鹿就把萝卜放在门口。

这时候，小熊在雪地里找呀找，他一面找一面想：雪这么大，天气这么冷，小白兔在家里，一定也很饿。我找到了东西，去和他一起吃。

小熊扒开雪，嘿，雪底下有一个白薯。他多高兴呀！

小熊拿着白薯，向小白兔家跑去。跑过自己的家门时，看见门口有个萝卜，他很奇怪，说："这是从哪儿来的？"他想了想，知道是好朋友送来给他吃的，就说："把萝卜也带去，和小白兔一起吃！"

小熊跑到小白兔家，轻轻推开门。这时候，小白兔吃饱了，睡得正甜哩。小熊不愿吵醒他，把萝卜轻轻放在小白兔的床边。

小白兔醒来，睁开眼睛一看："咦！萝卜回来了！"他想了想，说："我知道了，是好朋友送来给我吃的。"

点评:《萝卜回来了》这篇童话最大的特点是构思巧妙，采用循环式的结构展开情节，由小兔子送出去的萝卜，转了一圈又回来了，只有每个"人"都能为"别人"着想，才能形成"爱的循环圈"。这篇童话虽然篇幅不短，但幼儿很容易把握，不断的回环反复也能加深对孩子的影响。另外，这篇童话的语言浅显、简洁、清新、流畅，幼儿听起来没有太多障碍，并对发展他们的语言有所帮助。

（四）王一梅的《书本里的蚂蚁》

书本里的蚂蚁

王一梅

古老的墙角边，孤零零地开着一朵红色的小花，在风里轻轻地唱着歌。一只黑黑的小蚂蚁，顺着花枝儿往上爬，静静地趴在花蕊里睡觉。

一个小姑娘经过这儿，采下这朵花，随手夹进了一本旧书里，小蚂蚁当然也进了书本，被夹成了一只扁扁的蚂蚁。

"喂，你好，你也是一个字吗？"书本里传来很整齐的细碎的声音。

"是谁？书本也会说话？"蚂蚁奇怪了。

"我们是字。"细碎的声音回答。小蚂蚁这才看清，书本里满是密密麻麻的小字。"我们小得像蚂蚁。"字很不好意思地回答。

"我，我是蚂蚁，噢，我变得这么扁，也像一个字了。"小蚂蚁挺乐意做一个字。

于是，书本里有了一个会走路的字。第一天，小蚂蚁住在第100页，第二天就跑到了第50页，第三天又跑到第200页，所有的字都感到很新奇。要知道，这是一本很旧的书，很久没有人翻动过了，而这些字也从没想过要动动手、动动脚、走一走、跳一跳。"我们

真是太傻了。"字说，现在，它们都学着小蚂蚁跳跳舞、串串门。这有多快活呀！

旧书不再是一本安安静静的书了。

有一天，小姑娘想起了那朵美丽的花，打开书来看。啊！这本她原本看厌的旧书，写着她从来也没有看过的新故事，她一口气读完了这个新故事。

第二天，小姑娘忍不住又打开书来看，她更加惊奇了，她看到的又是一个和昨天不一样的新故事。

这时候，小姑娘突然看到住在书里的小蚂蚁，问："你是一个字吗？"小蚂蚁回答："是的，我原来是一只小蚂蚁，现在，我住在书里，是一个会走路的字。"

会走路的字？小姑娘明白了，这本书里的字，每到晚上就走来走去，书里的故事也就变来变去。

是的，第三天的早晨，小姑娘在旧书的封面上发现了一个字，它呀，走得太远，不认识回家的路了。不过，这些字没有一个想离家出走的，它们全住在一起，快快乐乐的，每天都编出新的故事，让小姑娘有了一本永远看不完的故事书。

小姑娘再也没有买过故事书。

点评:《书本里的蚂蚁》是一篇非常浓缩的短篇童话，是一篇拟人体的童话。作者通过精巧的构思，把"书本里的蚂蚁"这个拟人化的形象表现得那么灵动而又神奇。蚂蚁和字有相同的地方，都是小小的，黑黑的，但蚂蚁是可以四处走动的，因此，一本陈旧的无人翻阅的书，因为这只小小蚂蚁的到来，其中的文字全都变成了会走路的字，充满了生命的活力，消解着寂寞的生活。这一点与幼儿好动的天性不谋而合，因此，作者这种奇妙的想象也符合了幼儿的特点，当然会受到幼儿的喜爱。

（五）杨红樱的《巧克力饼屋》

巧克力饼屋

杨红樱

小熊的妈妈要到外婆家去住几天。临走前，她做了好多巧克力饼作为小熊这几天的粮食。妈妈走后，小熊请小猪笨笨来做伴。

看见堆成小山一样的巧克力饼，小猪笨笨高声叫道："哇，这么多的巧克力饼，多得可以盖一座房子！"

"嘿！"小熊拍了拍巴掌说："我们为什么不盖一座巧克力饼屋呢？"

小熊家后面有一片树林。小熊和小猪笨笨把巧克力饼运到林子里，将厚厚的巧克力饼当作砖，砌了四四方方的墙；将薄薄的巧克力饼当作瓦，一片一片、重重叠叠地盖在屋顶上。

用完最后一块巧克力饼，巧克力饼屋就盖成了。这是一座多么奇特的小屋呀！整个林子都弥漫着浓浓的甜香味儿。

小熊和小猪笨笨很喜欢这座巧克力饼屋。晚上，他们俩就睡在饼屋里。小熊做梦了，他的梦甜甜的、香香的。小猪笨笨做梦了，他的梦香香的、甜甜的。

小熊和小猪笨笨请来他们所有的朋友，请大家都在巧克力饼屋里睡一睡，都来做一个甜甜的、香香的梦。

老鼠叽叽和老鼠吱吱也想到巧克力饼屋里来，可他们才不稀罕做甜甜的、香香的梦呢，他们是想来偷吃美味的巧克力饼。

笨笨张着大嘴，笑呵呵地说："欢迎你们来做梦！"叽叽看看吱吱，吱吱看看叽叽，他们偷偷地笑了。

小熊把小猪笨笨拉到一边，悄悄地说："老鼠的嘴巴是最馋的，他们会不会在夜里把饼屋吃掉？"小猪笨笨把胸脯拍得砰砰响："你明天早上来看，饼屋肯定连一个小洞也不会有的。"

老鼠的耳朵是最最灵的。吱吱和叽叽听到了小猪笨笨的话，脸唰地红了。

晚上，老鼠叽叽和老鼠吱吱睡在巧克力饼屋里。巧克力浓浓的香味儿一阵一阵地往他们的鼻孔里钻，馋得他们俩口水直流，怎么也睡不着。

叽叽咽着口水说："如果能在墙角啃个小洞，吃一丁点巧克力饼也好呀。"吱吱咂着嘴说："只要舔一舔，尝尝味道也行。"

可是，叽叽没有去啃，吱吱也没有去尝，他们谁也没有忘记小猪笨笨做的保证。叽叽叹了口气，说："唉，我不明白，那只傻乎乎的笨小猪为什么要相信我们？"吱吱说："想一想，在这个世界上，还有谁相信过我们？"

想着，想着，叽叽和吱吱就伴着巧克力浓浓的甜香味儿睡着了。他们都做了一个甜甜的、香香的梦。

第二天早晨，两只小老鼠悄悄地走了。

小熊和小猪笨笨来到树林里，发现巧克力饼屋好好的，正像小猪笨笨说的那样，连一个小洞都没有。

点评:《巧克力饼屋》这篇童话的情节和内容具有趣味性，满足了幼儿的审美需求，是孩子们所喜闻乐见的。作者通过这篇童话告诉幼儿，人与人之间应该互相信任。小猪笨笨充分地信任老鼠两兄弟，竟使他们改掉了偷吃的坏毛病。动物世界如此，对孩子而言，也应当如此，要对得起别人的信任。在这篇童话中出现的4个人物形象，都属于拟人体童话形象，特点是生动可爱、活泼有趣。这篇童话的语言简洁、生动、形象，句式经常采用反复的方式出现，相当口语化，适合讲述。

活动三　童话改编

一、改编技巧介绍

不同的年龄层次对文学都有自己特殊的要求，因此，即使是完全为孩子创作的童话，也不一定适合幼儿。我们所说的改编，是指把文学作品简化、浅化为适合幼儿听赏的童话故事。为幼儿进行改编，除要选择内容为幼儿接受的作品，遵循幼儿文学创作的基本要求外，还要注意以下几点。

（一）主题单一明确

主题是作品内容的重要因素。被改编的一些作品，由于原来读者对象的知识、理解力与幼儿明显不同，它们的主题为幼儿所难以理解，所以要改编成易于幼儿接受的童话，就要简化主题，使它变得单一明确。

例如，《列那狐的故事》以一只外表文雅但狡黠的狐狸列那为中心，描写了他与其他动物的交往纷争，反映了当时法国社会各阶层之间的矛盾以及统治阶级丑恶、腐朽的面目，内容对幼儿来说根本不能理解，而改编后的《列那狐偷鱼》《真假狐皮》则舍弃了原来的主题和隐喻的社会内容，成了动物斗智斗勇的智慧故事，主题单一明确，幼儿易于领悟。

（二）线索明晰清楚

线索是指贯穿在作品中的情节发展脉络。给幼儿听赏的童话应当线索明晰、脉络清楚，事件的逻辑关系简单，而过多的枝蔓会使叙述断断续续，使幼儿难以领会把握。那么，做到线索清晰就要注意作品的结构，要将原作中不适合幼儿的结构方式尽量改得单纯紧凑。对于较长的故事，则可以从中选取若干个小故事来改写，也可以将长故事改成系列故事。例如，我国的童话作家包蕾利用《西游记》中猪八戒、孙悟空等形象创作了系列童话《猪八戒新传》。

（三）语言浅显生动

幼儿童话是讲给幼儿听的，语言应当浅显生动、形象有趣。有的原作在语言运用上和幼儿的接受水平差距较大，这就需要在语言的改动上下功夫。

例如，谢华的童话《岩石上的小蝌蚪》原稿是这样的：

忽然有了两只活活泼泼的小蝌蚪，它们把小小的身子愉快地扭动着，睁着两只黑晶晶的眼睛，打量着四周黑灰色的岩壁。

定稿改为：

忽然来了两只小蝌蚪，身子一扭一扭，尾巴一摆一摆。游过来又游过去。

原稿用了一些较抽象的形容词，而采用的视角基本上也是成人的，不是孩子看蝌蚪时唤起的直觉。修改后的语言浅显生动，已不再是概念的化身、形容词的堆砌，而是栩栩如生的童话形象，更适合幼儿听赏。

二、改编案例分析

根据上述技巧和幼儿的实际情况，我们要对童话所表达的内容进行改编和加工，注入幼儿所喜爱的趣味因素。具体案例如下。

案例一　改编民间童话

对于一些经典的民间童话，有些时代背景强、意蕴隐含的作品，没有成人的正确引导，孩子很难正确领会到故事本身的教育意义。因此，要将意蕴深刻的童话故事中的情节简单童趣化，使幼儿听童话不再只是看热闹，要让幼儿真正走近故事，感受角色的喜怒哀乐。例如安徒生的《豌豆上的公主》：

【原译文】

从前有一位王子，他想找一位公主结婚，但是她必须是一位真正的公主。他走遍了全世界，想要寻找到一位真正的公主，但不论走到什么地方，总会碰到一些障碍。公主倒有的是，但王子无法判断她们究竟是不是真正的公主，因为她们总有一些地方不大对头，结果，他只好回家来，心中很不快活，因为他是多么渴望得到一位真正的公主。

有一天晚上，忽然起了一阵可怕的暴风雨，天空在掣电，在打雷，还下着大雨，这真使人有些害怕！这时，有人在敲门，老国王就走过去开门。

站在城外的是一位美丽的公主。可是，天哪！经过了风吹雨打之后，她的样子是多么难看啊！水沿着她的头发和衣服向下流，流进鞋尖，又从脚跟流出来。她说她是一位真正的公主。

老皇后心想："是的，这点我们马上就可以考察出来。"可是，她什么也没说。她走进卧房，把所有的被褥全部搬开，在床榻上放了一粒豌豆，她取出二十张床垫子，把它们压在豌豆上。随后，她又在这些垫子上放了二十床鸭绒被。

这位公主夜里就睡在这些东西上面。

早晨大家问她昨晚睡得怎样。

"啊，不舒服极了！"公主说，"我差不多整夜都没有合上眼！天晓得床下有什么东西？有一粒很硬的东西硌着我，弄得我全身发紫，这真怕人！"

现在大家看出来了，她的确是一位真正的公主。因为压在这二十层床垫子和二十床鸭绒被下面的一粒豌豆，她居然还能感觉得出来。除了真正的公主以外，任何人都不会有这么稚嫩的皮肤的。

因此，那位王子就选她做妻子了，因为他知道他得到了一位真正的公主。这粒豌豆因此也被送进了博物馆。如果没有人把它拿走的话，人们现在还可以在那儿看到它呢。

【改写作品】

从前有一位英俊的王子，他想在继承王位前找一位真正的公主结婚，让她来做王后。但是，她必须是一位真正的公主——有着属于真正公主的美貌、善良、独立、坚强、聪明、勇敢、有礼貌、讲道理等难得的品质。这样，她才能做一个爱民如子的王后。他走遍了全世界，想要寻找到一位真正的公主，但不论走到什么地方，总会碰到一些障碍。公主倒有的是，但王子无法判断她们究竟是不是真正的公主，因为她们总有一些地方不大对头，结果，他只好回家来，心中很不快活，因为他是多么渴望得到一位真正的公主。

有一天晚上，忽然起了一阵可怕的暴风雨，天空在掣电、在打雷，还下着大雨，这真使人有些害怕！这时，有人在使劲地敲门，老国王就走过去开门。

站在城外的是一位美丽的公主和一位随从。老国王一开门就听到她在训斥随从把伞打歪了，让她淋了雨。还没等老国王说话，姑娘就接着抱怨老国王开门开得太迟了，让她多浇了半天雨。她说自己是一位真正的公主，由于雨太大了，要在这里借宿。还没等老国王答应，她就走了进去。

老皇后心想："是的，这点我们马上就可以考察出来。"可是，她什么也没说。她走进卧房，把所有的被褥全部搬开，在床榻上放了一粒豌豆，她取出二十张床垫子，把它们压在豌豆上。随后，她又在这些垫子上放了二十床鸭绒被。

没过一会儿，又有人在敲门，老国王就走过去开门。

站在城外的又是一位美丽的公主。她和老国王很有礼貌地打过招呼并且说明了到此的原因，也希望在此借宿一夜。天哪！经过了风吹雨打之后，她的样子是多么难看啊！水沿着她的头发和衣服向下流，流进鞋尖，又从脚跟流出来。公主的样子很是狼狈，不好意思地和老国王笑了笑，解释说她是一位真正的公主。

这下老国王和老皇后可犯了难，老皇后心想："是的，这点我们马上就可以考察出来。"可是，她什么也没说。她走进卧房，把所有的被褥全部搬开，在床榻上放了一粒豌豆，她取出二十张床垫子，把它们压在豌豆上。随后，她又在这些垫子上放了二十床鸭绒被。

这两位公主夜里就睡在这些东西上面。

早晨大家问她们昨晚睡得怎样。

第一个公主说："啊，别提了，简直不舒服极了！我差不多整夜都没有合上眼！天晓得床下有什么东西？有一粒很硬的东西硌着我，弄的我全身发紫，这真怕人！和我家的床差得太远了！好了，我要回我自己的家了，可不想继续住在这里！"

第二个公主笑笑说："嗯，其实也挺好的！昨天淋了很久的雨，一躺下舒服极了，不过确实总觉得有什么东西一直硌着似的。总之，要谢谢老国王和老皇后的款待，等到我回到自己的家了，一定要送些礼物过来感谢您！"

她们的确是两位如假包换的公主。因为压在这二十层床垫子和二十床鸭绒被下面的一粒豌豆，居然都能感觉得出来。除了公主以外，任何人都不会有这么稚嫩的皮肤的。

没过多久，就听说那位英俊的王子和第二位公主结婚了，而且继承了王位。

原作写于 1835 年，它的情节虽然简短，但意义很深刻。真正的公主皮肤娇嫩，嫩得连压在这二十床垫子和二十床鸭绒被下面的一粒豌豆都能感觉得出来，这粒豌豆证明了公主身份的真实，因此，它也成了具有重大历史意义的东西。封建统治者就是这样荒唐。理解能力不强的幼儿很容易误解真正的公主都是娇气的，不讲礼貌的。为了把经典童话中的时代背景影响降到最低，情节更容易让幼儿理解、接受而进行了改写，改写后的作品有以下特点。

（1）将两位公主对待老国王的态度进行对比，使幼儿在心里分辨好坏。

（2）开头部分将王子眼中真正的公主含义改变，从而改变王子想要门当户对的反面形象，将全文矛盾点集中到公主身上，形象更加突出，主题更加明确。

（3）结尾部分的改写一方面呼应开头寻找爱民王后的部分，另一方面去掉豌豆送进博物馆的叙述，也减轻了时代背景的程度。

改写后的作品比原作多了一些教育意义：懂礼貌的孩子才会让别人喜欢；在得到别人的帮助后要懂得感恩；女孩子不仅要漂亮和爱美，还应该有坚强、勇敢、机智、懂礼貌、讲道理、知恩图报、不依赖别人的美好品质。

案例二 改编神话片段

对于古代典籍中的神话片段，有的只是一个梗概，太简单，缺乏文学性。这就需要对原有的内容加以丰富、扩充，以最大限度地满足幼儿的阅读需要。例如上古神话传说《精卫填海》：

【原作】

又北二百里，曰发鸠之山，其上多柘木，有鸟焉，其状如乌，文首、白喙、赤足，名曰："精卫"，其鸣自交。是帝之少女，名曰女娃。女娃游于东海，溺而不返，故为精卫，常衔西山之木石，以堙于东海。漳水出焉，东流注于河。

——《山海经》

【改写作品】

太阳神炎帝有一个小女儿，名叫女娃，是他最钟爱的女儿。有一天，女娃驾着小船，到东海去游玩，不幸海上起了风涛，像山一样的海浪把小船打翻，女娃被淹死在了海里，永远回不来了。炎帝固然想念他的女儿，但不能用他的光和热来使她复活，只好独自悲伤。

女娃不甘心她的死，她的魂灵便化作一只小鸟，名叫"精卫"。精卫长着花脑袋、白嘴壳、红脚爪，大小有点像乌鸦，住在北方的发鸠山上。她恨无情的大海夺去了她年轻的生命，因此，她常常飞到西山去衔一粒小石子，或是一段小树枝，展翅高飞，一直飞到东海。她在汹涌波涛的海面上飞翔着，把小石子或树枝投下去，想要把大海填平。大海奔腾着、咆哮着，露出雪亮亮的牙齿，凶恶地嘲笑着："小鸟儿，算了吧，你这工作就算干上百年，也休想把大海填平呢。"

精卫在高空答复大海："哪怕是干上一千万年、一万万年，干到宇宙的终尽、世界的末日，我也要把你填平！"

"你为什么怨恨我这样深呢？"

"因为你呀……你夺去了我年轻的生命；将来还会有许多年轻无辜的生命，要被你无情地夺去。"

"傻鸟儿，那么你就干吧……干吧！"大海哈哈地大笑了。

精卫在高空悲啸着："我要干的！我要干的！我要永无休止地干下去的！你这叫人悲恨的大海啊，总有一天我会把你填成平地！"

她飞翔着、啸叫着；离开大海，又飞回西山去，把西山上的小石子和树枝衔来投进大海。她就这样往复飞翔，从不休息，直到今天她还做着这种工作。

原作的主题并不很明确，很多改编者把着眼点放在报仇上，因为大海夺去了精卫的生命，报仇这样的意志对于幼儿来说就显得有些可怕，而且没有教育性。袁轲先生的改编是非常成功的，他使它成为一篇很适合幼儿听赏的童话。他根据《山海经》的资料加以扩写，并根据现代幼儿欣赏的需要改换角度，赋予主题以丰富的内涵，增加了大海和精卫鸟对话的情节，并赋予了新的教育意义，即精卫的那句话"因为你呀……你夺去了我年轻的生命；将来还会有许多年轻无辜的生命，要被你无情地夺去"。小小的精卫为了阻止大海夺去更多无辜人的生命，而日日夜夜、坚持不懈地努力，想要填平无边无际的大海，这样"前无古人，后无来者"的壮举，让幼儿感受到精卫对"生命"的尊重和珍惜，还突出表现了精卫鸟敢于同不公平的命运抗争的坚韧不拔的勇敢的精神。

三、改编评价要点

为了吸引眼球，现在的有些少儿读物做了"世俗化"改编，童话故事被改得让人难以接受。那么，改编后的童话是否更适合幼儿听赏，可以从以下几个要点进行评价。

（一）主题是否有教育性

童话故事是学龄前早期阅读的重要内容，在幼儿的眼里，童话世界和现实世界是一样的。现在的确有很多传统的童话故事在内容和形式上有所改变，但改编后的主题要有教育性，不要把幼儿往不好的方向引导。

例如，林格伦的童话《长袜子皮皮》中的主人公皮皮是一个喜欢冒险、很淘气的小姑娘，常想出许许多多奇妙的鬼主意。这个作品虽然颠覆了传统观念对幼儿的定位，但在无意识层面

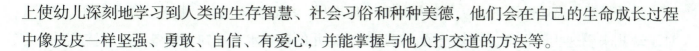

上使幼儿深刻地学习到人类的生存智慧、社会习俗和种种美德，他们会在自己的生命成长过程中像皮皮一样坚强、勇敢、自信、有爱心，并能掌握与他人打交道的方法等。

（二）是否恰当处理幻想与现实

童话描述的世界虽然是超脱现实的幻想世界，但改编后的童话中的人物、现象却仍然要严格地遵守真实生活的逻辑性。比如，把寓言《狼和小羊》改编成幼儿童话，虽然我们尽可以讲述小羊如何和凶恶的狼打交道，但如果写小羊竟然吃掉了狼，那就显得十足的荒唐。在《山米，猫妈妈的孩子》中，小松鼠山米之所以能成为猫妈妈的孩子，是因为它失去了母亲，而母猫正好失去了小猫，在这种特殊条件下，山米由母猫喂养长大，彼此才能互相接纳。作品中，山米并未成为小猫，而仍然保持松鼠的种种特性。如果把它写得如同小猫，就不符合童话逻辑了。

（三）语言是否简洁，富有童趣

幼儿童话的改编虽然属于书面语创作，但仍需要用口语化的语言讲述故事。具体来说，多运用具体的、富于动感的句式，少对人物形象进行精细的刻画；多集中表现事物的变化、人物的行动，少冗长繁复的心理描写；多用名词和动词，少用修饰语。另外，口语化的语言并不是指用过于幼稚的语言，因此，要避免使用叠音太多的词。

例如，经典童话故事《丑小鸭》是深受幼儿喜爱的作品，但如果照着叶君健先生翻译的安徒生原著来讲的话，恐怕大多数幼儿会无法欣赏。故事的结尾原著是这样写的：

当太阳又开始温暖地照着的时候，他正躺在沼泽地的芦苇里。百灵鸟唱起歌来了，这是一个美丽的春天。忽然间他举起翅膀，翅膀拍起来比以前有力得多，马上就把他托起来飞走了。他不知不觉地已经飞进了一座大花园。这儿苹果树正开着花，紫丁香在散发着香气，它又长又绿的枝条垂到弯弯曲曲的溪流上。啊，这儿美丽极了，充满了春天的气息！三只美丽的白天鹅从树荫里一直游到他面前来。他们轻飘飘地浮在水上，翅膀发出飕飕的响声。小鸭认出这些美丽的动物，于是心里感到一种说不出的难过。

"我要飞向他们，飞向这些高贵的鸟儿！可是他们会把我弄死的，因为我是这样丑，居然敢接近他们。不过这没有什么关系！被他们杀死，要比被鸭子咬、被鸡群啄、被看管养鸡场的那个女佣踢和在冬天受苦好得多！"于是他飞到水里，向这些美丽的天鹅游去。这些动物看到他，马上就竖起羽毛向他游来。"请你们弄死我吧！"这只可怜的动物说。他把头低低地垂到水上，只等待着死。但是他在这清澈的水上看到了什么呢？他看到了自己的倒影。但那不再是一只粗笨的、深灰色的、又丑又令人讨厌的鸭子，而是一只天鹅。

而鞠萍姐姐在讲述这个童话时则改编成这样简单几句：

冬天过去了，春天来到了。丑小鸭经历了种种的磨难和考验，他长得高大结实，竟然能够展翅飞翔了。他看到花园里有三只天鹅，想游过去，可是又担心他们会啄死他。忽然，他头一低，看到了自己的倒影。啊，我再也不是丑小鸭了，而是一只美丽的天鹅！

原译著多用描述性语言，从景物描写到心理描写，都是文笔出色、情感真挚的句子。但是，对于幼儿来说这些语言就过于复杂了，远远超出幼儿的理解水平和知识储备。这时就需要幼儿教师根据作品内容进行修改，减少描述性的句子，删掉句子中大量的修饰语，把长句改为短句，以适应幼儿的语言接受能力。

探究与实践

名词解释

1. 童话。
2. 超人体童话。

二、简答题

1. 简述童话的特点。
2. 童话包括哪几种形象类型？

三、论述题

请以一篇幼儿童话为例，说一说它运用了哪些基本的表现手法。

四、创作题

为幼儿童话《雪孩子》续编结尾"雪孩子回来了"。想象一下，小白兔与雪孩子见了面会做什么、说什么。

寓言

学习目标

◆ 掌握寓言的含义、特点及作用。

◆ 掌握欣赏寓言的方法。

◆ 学会改编和创作适合幼儿听赏的寓言。

情境导入

　　一天，梭子鱼、虾和天鹅，出去把一辆小车从大路上拖下来，三个家伙一齐负起沉重的担子。它们用足狠劲，身上青筋根根暴露；无论它们怎样的拖呀，拉呀，推呀，小车还是在老地方，一步也没有移动。倒不是小车重得动不了，而是另有缘故：天鹅使劲儿往上向天空直提，虾一步步向后倒拖，梭子鱼又朝着池塘拉去……

　　　　　　——克雷洛夫《天鹅、梭子鱼和虾》

　　一个幼儿离开家庭进入幼儿园，就是由"个体"存在向集体生活转化的过程。怎样让幼儿尽快适应集体生活，培养幼儿的集体意识呢？幼儿教师可以利用上则寓言故事让幼儿在活动中学会协商，与同伴一起玩玩具等。

 活动一　认识寓言

一、寓言的含义

寓言，即寓意于言，是用假托的故事或自然物的拟人手法来说明某个道理或教训的短小故事。寓言是世界上最古老的文学体裁之一，与神话、传说一样，最初也是一种人民的口头创作，流传于民间。

寓言由寓体和本体两方面组成。寓体即故事本身，本体即寓言的寓意。

寓言在世界上有三大发祥地：印度、希腊和中国。古印度的《五卷书》是闻名世界的寓言童话集，最早成书于公元前1世纪，其中有很多关于动物的故事，是适合幼儿欣赏的文学作品，可称得上是世界幼儿文学的鼻祖。希腊的《伊索寓言》被誉为西方寓言的始祖。世界寓言宝库中，还有不少寓言珍品：法国诗人拉封丹的《寓言诗》，俄国著名作家克雷洛夫的《克雷洛夫寓言》。

我国春秋战国时期是寓言文学最发达的时期，先秦著作中存有大量寓言，如《望洋兴叹》（《庄子》）、《唇亡寒齿》（《吕氏春秋》）、《杞人忧天》（《列子》）、《南辕北辙》（《战国策》）、《买椟还珠》（《韩非子》）等流传至今。

知识窗

寓言和童话的差异

从篇幅上看，寓言结构简单，篇幅短小，通常只有几十字、几百字；而童话相对篇幅较长，有的甚至是中篇或长篇作品，结构也更曲折复杂。

从幻想性上看，寓言和童话都有幻想的内容。但童话的幻想要来源于生活，幻想要尊重童话的逻辑，要求真实与幻想的结合自然和谐；而寓言则是以表达某一寓意为目的，在幻想上更多着眼于幻想事物和现实事物之间的某一相通之处，可以抓住其一点，而不必面面俱到。

从象征性上看，寓言习惯用概括性的语言将寓意点明，训诫意味比较浓重；而童话通常只是讲一个有趣的故事，不一定有很深的含义在其中。

从读者对象上看，寓言并非主要为儿童创作，虽然它常被归入儿童文学一类，其内容也许并不一定适合儿童阅读，其寓意儿童也不一定能理解；而童话主要是成人为儿童创作的（民间童话也多流传在大人对孩子的讲述中），因此故事内容比较符合儿童的阅读兴趣和欣赏水平。

二、幼儿寓言及其特点

适合幼儿阅读或欣赏的寓言是指隐含着哲理教训或讽刺意义的短小故事，大都篇幅短小，情节简单。

幼儿寓言具有以下特点。

（一）寓意鲜明

寓言多数是在结尾点明寓意的，如《伊索寓言》在每则故事的最后，大都用一句精辟的话点明故事的寓意，这些句子起到了画龙点睛的作用；另一种是不点明寓意，而让故事本身去说明。如中国先秦寓言《塞翁失马》《掩耳盗铃》《守株待兔》等。因为幼儿的理解能力有限，在幼儿文学中经常采用点明寓意的方法。

（二）比喻生动

寓言是以比喻性的故事寄寓意味深长的道理，用简单的事实表现较深刻的道理的带有劝喻、讽刺意义的小故事。以生动的形式表现事物是幼儿接受知识的最好途径，它大多以简短的结构、鲜明的形象、夸张和想象的艺术手法，阐明某种道理或讽刺某种社会现象。

 **案例展示厅**

井底之蛙

一口废井里住着一只青蛙。有一天，青蛙在井边碰上了一只从海里来的大龟。

青蛙就对海龟夸口说："你看，我住在这里多快乐！有时高兴了，就在井栏边跳跃一阵；疲倦了，就回到井里，睡在砖洞边一会。或者只留出头和嘴巴，安安静静地把全身泡在水里；或者在软绵绵的泥浆里散一会步，也很舒适。看看那些虾，谁也比不上我。而且，我是这个井里的主人，在这井里极自由自在，你为什么不常到井里来游赏呢！"那海龟听了青蛙的话，倒真想进去看看。但它的左脚还没有整个伸进去，右脚就已经绊住了。它连忙后退了两步，把大海的情形告诉青蛙说："你看过海吗？海的广大，哪止千里；海的深度，哪止千来丈。古时候，十年有九年大水，海里的水，并不涨了多少；后来，八年里有七年大旱，海里的水，也不见得浅了多少。可见大海是不受旱涝影响的。住在那样的大海里，才是真的快乐呢！"

青蛙听了海龟的一番话，吃惊地呆在那里，再没有话可说了。

视频：《狐假虎威》

点评： 寓言《井底之蛙》借井底之蛙的形象来比喻那些自以为是、自鸣得意的人，却往往是"闭关自守"、孤陋寡闻的结果。它形象地告诉幼儿要开阔眼界，才能有更大的收获。这则寓言以其生动的比喻、丰富的内涵而成为一种象征性的艺术。

（三）语言精练

篇幅短小，情节简单是寓言在形式上的一个显著特征，是符合幼儿文学感知和注意力特点的。寓言中往往截取生活中一个最富有代表性的片段加以概括，重在揭示道理，不太注重对细节的描写，用凝练的语言把深刻的寓意突出出来。优秀的寓言往往有丰富的内涵，寓意应多角度多层次地把握，不同的读者从不同的角度会体会出不同的寓意。

如外国寓言《猴子和鳄鱼》，大致内容是：鳄鱼对猴子说河对岸的树上结了好多果子。把猴子骗到河中心想吃猴子的心，猴子发觉受骗后就说："我的心挂在河对岸的树上呢。鳄鱼只好让它去取，猴子一上岸就跑了。"这则寓言有多种理解：如骗人者必自骗，要防止得而复失，不可贪得无厌，邪不胜正等。语言精练，极富表现力，篇幅短小，结构紧凑。

三、寓言的作用

（一）增加幼儿的知识

寓言故事涵盖了各种各样的主题和领域，如自然、社会、历史、文化、科学、艺术等。通过读寓言故事，幼儿可以了解世界的多样性和奥妙，拓宽视野和见识，丰富知识和经验。

幼儿寓言可结合幼儿的生活实际，讲一些浅显的生活道理。例如，教育幼儿要尊老爱幼、孝敬父母、团结友爱、尊重他人、关爱弱小、热爱劳动、不讲谎话、诚实守信、珍惜时间等，也可以通过寓言给幼儿讲一些生活常识，教会他们遵守交通法则，正确使用水、电，保护环境等。

（二）锻炼幼儿的语言

寓言故事用简洁而优美的语言，用生动而形象的比喻，用幽默而机智的对话，来表达深刻而有趣的意义。通过读寓言故事，幼儿可以学习语言的规则和技巧，提高语言的表达和理解能力，增强语言的魅力和感染力。

（三）培养幼儿的品德

寓言故事蕴含了各种各样的道德和价值观，如诚实、勇敢、友善、公正、谦虚、节俭等。通过读寓言故事，幼儿可以明辨是非和善恶，树立正确和积极的态度，形成健康和良好的品格。如《伊索寓言》中的《兔子与乌龟》引导幼儿学习乌龟坚韧不拔、永不放弃的精神。

（四）提高幼儿的智慧

寓言故事充满了智慧和启示，如因果、选择、判断、策略、合作、创新等。通过读寓言故事，幼儿可以锻炼逻辑和推理能力，激发想象力和创造力，发展批判思维和创新思维。

总之，读寓言故事不仅能让幼儿学到知识，还能让幼儿学到智慧。这对于幼儿的成长和发展是非常有益的。

活动二　寓言作品导读

一、著名作品作家简介

（一）古印度的《五卷书》

《五卷书》成书于公元 2—6 世纪，是最早、影响最大的一部寓言故事集，共收有 83 个故事和 1 个楔子。《五卷书》的形成也颇具故事性：印度一个国王，有三个笨得要命的儿子，"对经书毫无兴趣，缺少智慧"，有一个"精通许多事论而享大名"的婆罗门，写下了《五卷书》，在六个月内教会了三个王子统治论，从此，《五卷书》"就在地球上用来教育青年"。《五卷书》在主干故事下每一卷都有一个核心故事，每卷书的核心故事又发散出许多小故事，每一个故事都有一个道德教训，有一个伦理意义。

（二）古希腊的《伊索寓言》

《伊索寓言》被誉为西方寓言的始祖，是古希腊民间流传的讽喻故事，经后人加工，成为现在流传的《伊索寓言》。据推测，它不是一人一时之作，而是古希腊人在相当长的历史时期内的集体创作。

《伊索寓言》大都以一个简短的动物故事来说明一个道理、观点或教训。其故事生动、想象丰富、文字凝练、饱含哲理，融思想性和艺术性于一体。其中《农夫和蛇》《狐狸和葡萄》《兔子和乌龟》《乌鸦喝水》《牧童和狼》《农夫和他的孩子们》《蚊子和狮子》《仙人和樵夫》《公鸡与宝石》《狂风与太阳》等已成为全世界家喻户晓的故事。

（三）金江

金江 (1923—2014 年)，原名金振汉，浙江省温州市人，原中国作家协会会员，中国寓言文学研究会名誉副会长。1941 年开始文学创作。著有《金江文集》《寓言百篇》等作品集 55 种。作品曾在全国获奖 5 次，《乌鸦兄弟》《白头翁的故事》等被选入中小学语文课本，《狐狸和猴子》被改编摄制成美术影片。1997 年出版了《金江寓言选》英文本和法文本，向世界发行。1992 年中国寓言文学研究会等为其作品举行了研讨会，学者一致肯定了金江的寓言创作成就和对中国当代寓言的贡献。以他名字命名的"金江寓言文学奖"，每两年举办一次。

（四）彭文席

彭文席 (1925—2009 年)，浙江省瑞安市人，原中国寓言文学研究会会员，曾任浙江作协理事。20 世纪 50 年代起发表文学作品。所著寓言《小马过河》广为流传，影响巨大。这篇作品从 1957 年入选北京市小学语文教材后，至今一直被选入全国教材，并被翻译成英、法、日等 14 种文字。1979 年，该作品荣获国家八部委联合举办的第二次全国少年儿童文艺创作评奖一等奖。《牛虻和牛虱》获"金江寓言文学奖"。

（五）黄瑞云

黄瑞云，生于 1932 年，湖南省娄底市人，中国作家协会会员、中国寓言文学研究会顾问、名誉副会长，湖北师范学院中文系教授、原副院长。他主要从事中国古典文学的教学与研究，也钻研哲学与训诂学，业余从事文学创作。专著有《老子本原》《庄子本原》《诗苑英华》等多种。著有《黄瑞云寓言》《溪流集》《快活的答里·坎曼尔》等多种作品集。寓言《陶罐和铁罐》等被选入中小学课本。公木先生称："中国现代寓言，建国前看冯雪峰，建国后看黄瑞云"。

（六）罗丹

罗丹，生于 1936 年，本名罗成伟，湖南省邵阳市人，中国作家协会会员、中国寓言文学研究会顾问、名誉副会长，一级作家。罗丹在寓言写作上面的一大特点就是系列寓言的创作，他每个系列寓言至少包括 3 则小寓言，在角色、情节上有连续，寓意主题则不需要相同。因此，罗丹系列寓言的写作，填补了寓言的匮乏，丰富了寓言的表现形式。洪汛涛给予了罗丹系列寓言高度评价："寓言向以短小著称，它写得那么长，吸收了童话的表现手法，而且成为一个个系列，这是一种大胆的探索。"

其主要成就有寓言诗《兔子和乌龟第二次赛跑》获第二次全国少年儿童文艺创作奖，被选入人教版师范专科语文教材；《乌鸦喝水的新故事》获第十一届陈伯吹儿童文学奖；《猜猜它是谁》被选入湘教版及中国香港小学语文课本。

二、经典作品导读

（一）金江的《乌鸦兄弟》

乌鸦兄弟

金 江

乌鸦兄弟俩同住在一个窠里。

有一天，窠破了一个洞。

大乌鸦想："老二会去修的。"

小乌鸦想："老大会去修的。"

结果谁也没有去修。后来洞越来越大了。

大乌鸦想："这一下老二一定会去修了，难道窠这样破了，它还能住吗？"

小乌鸦想："这一下老大一定会去修了，难道窠这样破了，它还能住吗？"

结果又是谁也没有去修。

一直到了严寒的冬天，西北风呼呼地刮着，大雪纷纷地飘落。乌鸦兄弟都蜷缩在破窠里，哆嗦地叫道："冷啊！冷啊！"

大乌鸦想："这样冷的天气，老二一定耐不住，它会去修了。"

小乌鸦想："这样冷的天气，老大一定耐不住，它一定会去修了。"

可是谁也没有动手，只是把身子蜷缩得更紧些。

风越刮越凶，雪越下越大。

结果，窠被风吹到地上，两只乌鸦都冻僵了。

点评： 寓言《乌鸦兄弟》1980 年获全国第二次儿童文艺创作评奖三等奖。寓言创作在全国获奖，这还是第一次。这篇寓言采用民间创作中常用的反复手法。增强了艺术效果，给读者留下了深刻的印象。运用了拟人的手法，把深刻的寓意寄托在有趣的故事里。这篇寓言教育幼儿：要热爱劳动，不能有自私、依赖他人的思想。

（二）彭文席的《小·马过河》

小马过河

彭文席

马棚里住着一匹老马和一匹小马。

有一天，老马对小马说："你已经长大了，能帮妈妈做点儿事吗？"小马连蹦带跳地说："怎么不能？我很愿意帮您做事。"老马高兴地说："那好啊，你把这半口袋麦子驮到磨坊去吧。"

小马驮起口袋，飞快地往磨坊跑去。跑着跑着，一条小河挡住了去路，河水哗哗地流着。小马为难了，心想：我能不能过去呢？如果妈妈在身边，问问她该怎么办，那多好啊！可是他离家已经很远了。

小马向四周望望，看见一头老牛在河边吃草，小马嗒嗒嗒跑过去，问道："牛伯伯，请您告诉我，这条河，我能蹚过去吗？"老牛说："水很浅，刚没过小腿，能蹚过去。"

小马听了老牛的话，立刻跑到河边，准备蹚过去。突然，从树上跳下一只松鼠，拦住他大叫："小马！别过河，别过河，你会淹死的！"小马吃惊地问："水很深吗？"松鼠认真地说："深得很哩！昨天，我的一个伙伴就是掉在这条河里淹死的！"

小马连忙收住脚步，不知道怎么办才好。他叹了口气，说："唉！还是回家问问妈妈吧！"

小马甩甩尾巴，跑回家去。妈妈问他："怎么回来啦？"小马难为情地说："一条河挡住了去路，我……我过不去。"妈妈说："那条河不是很浅吗？"小马说："是啊！牛伯伯也这么说。

可是松鼠说河水很深，还淹死过他的伙伴呢！"妈妈说："那么河水到底是深还是浅呢？你仔细想过他们的话吗？"小马低下了头，说："没……没想过。"妈妈亲切地对小马说："孩子，光听别人说，自己不动脑筋，不去试试，是不行的。河水是深是浅，你去试一试就知道了。"

小马跑到河边，刚刚抬起前蹄，松鼠又大叫起来："怎么？你不要命啦！"小马说："让我试试吧！"他下了河，小心地蹚到了对岸。原来河水既不像老牛说的那样浅，也不像松鼠说的那样深。

点评：《小马过河》中的老马、小马、老牛和松鼠的语言，都是口语式的对话，都非常短小、浅显，句子结构也很简单，富有幼儿语言的特性，适合幼儿学习和训练幼儿的表达能力。这则寓言希望幼儿明白，做每件事都可能会遇到困难，要能够正确地面对困难，克服困难。

（三）罗丹的《乌鸦喝水的新故事》

乌鸦喝水的新故事

罗丹

乌鸦想出了"投石入瓶喝水"的妙法，被伊索写进了寓言，从此名声大噪。

出名以后，它洋洋得意，常到外地旅游。有次，它飞到一个干旱的村庄，那里溪水全干了，田也开了裂缝。它想喝水，可四周连一滴也没有。

忽然，它在村后发现了一口井，井口小，井很深，但井底有浅浅的水，模模糊糊映照出它的身影。它想飞下去，可几次碰到井壁，撞得眼睛直冒金星，只好又回到井台上。

这时，它想起自己曾经"投石入瓶喝水"的骄人事迹，不禁高兴地叫道："呱，我怎么把这样的好经验给忘了！"于是，它衔来一颗颗石子，投到了井里。谁知投了半天，井水仍然没有上来。

树上的喜鹊说："乌鸦先生，你别傻忙了，这是水井，不是你原先的那个长颈瓶子，怎么还用那个老办法呢？"

"你懂什么？"乌鸦不屑地斜了喜鹊一眼说："我那是人所皆知的经典，放之四海皆准，怎么会老呢？呱呱！"

乌鸦继续向井里投石子……

结果嘛，我想大家都能想到。

点评：罗丹的很多寓言都是旧瓶装新酒，《乌鸦喝水的新故事》就体现出了改编的智慧，它并没有沿用《乌鸦喝水》的寓意，而是另辟蹊径告诉孩子：当凡事都用相同的眼光去对待不同的事物（水瓶和水井），不懂得变通的话，到头来吃亏的还是自己。

（四）黄锦云的《陶罐和铁罐》

陶罐和铁罐

黄瑞云

国王的御厨里有两只罐子，一只是陶罐，一只是铁罐。骄傲的铁罐看不起陶罐，常常奚落他。

"你敢碰我吗？陶罐子！"铁罐傲慢地问。

"不敢，铁罐兄弟。"陶罐谦虚地回答。

"我就知道你不敢，懦弱的东西！"铁罐说，带着更加轻蔑的语气。

"我确实不敢碰你，但并不是懦弱。"陶罐争辩说，我们生来就是给人们盛东西的，并不是来互相碰撞的。说到盛东西，我不见得比你差。再说……

"住嘴！"铁罐恼怒了，"你怎么敢和我相提并论！你等着吧，要不了几天，你就会破成碎片，我却永远在这里，什么也不怕。"

"何必这样说呢？"陶罐说："我们还是和睦相处吧，有什么可吵的呢？"

"和你在一起，我感到羞耻，你算什么东西！"铁罐说："我们走着瞧吧，总有一天，我要把你碰成碎片！"

陶罐不再理会铁罐。

时间在流逝，世界上发生了许多事情，王朝覆灭了，宫殿倒塌了。两个罐子被遗落在荒凉的废墟中，上面盖满了厚厚的渣滓和尘土。

许多年过去了，有一天，一些人来到这里，掘开厚厚的堆积物，发现了那只陶罐。

"哟，这里头有一只罐子！"一个人惊讶地说。

"真的，一只陶罐！"其他人都高兴地叫起来。

陶罐被人捧起，倒掉里面的泥土，擦洗干净，和他当年在御厨的时候一样光洁、朴素、美观。

"多美的陶罐！"一个人说："小心点，千万别把他碰坏了，这是古代的东西，很有价值的。"

"谢谢你们。"陶罐兴奋地说："我的兄弟铁罐就在我旁边，请你们把他掘出来吧，他一定闷得够受了。"

人们立即动手，翻来覆去，把地都掘遍了，但是连铁罐的影子也没见到。他，不知道在什么年代已经完全氧化，早已腐蚀成一堆锈土了。

点评：《陶罐和铁罐》通过对话展开情节，内容简单易懂、生动有趣，最后通过陶罐和铁罐不同的结局教育孩子：每个人都有长处和短处，要善于看到别人的长处，正视自己的短处，相互尊重，和睦相处。这则寓言与《伊索寓言》中的《北风和太阳》有着相似的寓意。

●●●●● 活动三　寓言创编 ●●●●

一、寓言的创作

寓言的主人公可以是人，也可以是动植物。寓言多用借喻手法，使富有教育意义的主题或深刻的道理在情节高度凝练的故事中得到展示。

那么，怎样才能写好寓言呢？

（一）要有一个精彩的故事

精彩的故事是寓言成功的关键，寓言通过讲述故事来达到说理的最终目的。

古希腊《伊索寓言》中的很多名篇，如《狐狸和葡萄》《农夫与蛇》能在全世界范内流传至今，就在于其故事的可读性很强，无论读者的文化水平怎样都能在简练明晰的故事中悟出道理，由此可以看出故事对于寓言来说是何等重要。没有一个有趣的故事，道理就没有一个安身的地方。学生可以发挥丰富的想象，运用比喻、拟人、夸张等修辞手法，使自然界的一切事物都活动起来，让他们来到你的故事中，讲出一个个富含哲理的故事。故事既要短小又要趣味盎然、新鲜活泼，这样才能吸引人，让读者在笑声中有所收获。

（二）要有一个明白的道理

道理是寓言必不可少的组成部分。寓言故事的寓意就是作品的主题，是寓言创作的灵魂，就好似人类必须要有思维一样重要。在寓言创作中寓意是一根看不见的线，大多数时候，这根线并不会直接在文字中体现出来。但是，好的寓言的寓意，会随着读者的不断深入阅读而逐渐显现。这是寓言作为一种独立的文学体裁的魅力所在。如我国古代作品《叶公好龙》就很有代表性，它的寓意并未直接体现在文字中，读者通过阅读却能发现，叶公名义上爱好龙，实际上并不是真的爱好龙。学生写寓言可结合自己的生活实际，讲一些浅显的生活道理，力求想象大胆合理，主题健康向上。

二、寓言改编的方法

寓言的寓意是为了说明某种哲理和讽喻意义的，这些抽象的理念很难被幼儿接受，所以严格地说，寓言这一文学样式有些是不适合幼儿欣赏的。所以，要把寓言讲给幼儿听就存在一个改编的问题。那么，怎样为幼儿改写寓言呢？

（一）结合幼儿特点适当更换主题

改写寓言要选择好主题，不同的主题涉及不同的改写内容。

例如，克雷洛夫的《狼和小羊》的结尾是："狼说完话，就把小羊拖进密林里。"这篇寓言的主题是：强者可以对弱者为所欲为。这一主题难以被幼儿接受，并容易起到不好的作用。可以把主题改为：弱小的、善良的事物可以利用自己的聪明才智战胜强大的、凶暴的事物。如我们可以续写结尾如下：

狼张开血盆大口，一下子把小羊按住了，小羊灵机一动，想出了一个好办法，于是便可怜兮兮地说："亲爱的狼先生，对不起，都是我不好。我给您吹一首曲子吧，这是我刚学会的，算是给您赔礼了。"狼一听，心想先听听曲子，再吃你也不迟，于是便答应了。小羊从身上取下笛子，吹了起来。优美的音乐让狼听得陶醉在其中……突然，猎人在狼的后面得意地说："可恶的狼，看看我是谁？"狼哆哆嗦嗦地说："你……你怎么来了？"这时小羊在一旁哈哈大笑说："愚蠢的狼先生，你被骗了，我在吹笛子的时候，就发出了求救信号。哈哈哈！你还是乖乖受死吧！"狼一听，发了疯似地说："你……你……太可恶了！我要吃了你！"说完就向小羊扑去，猎人快速地举起枪瞄准，只听"砰"的一声，狼倒在了血泊中。小羊靠自己的勇敢和智慧救了自己。

这样一改，就符合幼儿的心理特点了，对引导幼儿形成正确的价值观也有帮助。

（二）增添具体情节

写作寓言是为了寓意，篇幅短小，情节简单，故事本身并不是寓言的写作重点。因此，改编的时候可以通过丰富原有形象，增添新形象，扩展情节，使故事更加丰满生动，以此来满足爱听故事的幼儿，如从伊索寓言中的《乌龟和兔子》到童话《龟兔赛跑》，主题没变，但情节增加了，加入了小动物看热闹、庆祝乌龟胜利、小猴子发令、献花环等事件，同时故事人物相应地增加了，故事中的角色也开口说话了。

（三）丰富原有形象，添加细节

一般来说，寓言不对人物形象进行细致的刻画，对他们的活动也很少进行细节描写，而幼儿却喜欢听人物形象丰满的故事，要想使人物形象丰满起来，可以增加人物富于个性的语言和动作。例如，改写后的《狐狸和葡萄》：

葡萄架上，垂下几串成熟的葡萄，这些葡萄红得发紫，颗颗饱满，在阳光映照下，好像染上了一层金光，十分诱人。

一只狐狸路过了这儿，不由地停下了脚步，目不转睛地盯着葡萄，口水可以夸张地说是"直流三千尺"了，狐狸很馋，它舔了舔嘴巴说："这些葡萄我一定要把它统统摘下来，哈哈！"可是，葡萄高高挂在枝头，怎么办呢？狐狸可不会那么轻易就放弃。

他先用手去够葡萄，发现自己的手与葡萄相差"十万八千里"，他又踮起脚尖去够，还是够不着，他只好跳起来去够，你瞧，他左一伸手，右一伸手，多么有趣呀！可是，还差了一大截。

狐狸叹了一口气，稍稍休息了一下，他并没有放弃。狐狸朝四周望去，发现不远处有一块面盆大小的石头，真是太好了！天助我也！狐狸兴奋地跑了过去，却发现那块石头好重呢！不行！不能放弃！狐狸咬紧牙齿，眉头成了倒"八"，艰难地一步一步缓慢行走，终于挪到了葡萄架下，狐狸擦了擦汗水，松了一口气。他站在石头上，踮起脚尖，又够葡萄，哎！就差一点点了，狐狸还是没够到。

狐狸感到无望了，他十分无奈，想吃却够不着，他可真倒霉呀！狐狸只好转身离开，他走了三步，就转过头来说："这些葡萄肯定是酸的，不好吃！"走了几步又转过头来说："哼！肯定很酸，不好吃！吃了肯定倒胃口。"

改写后的作品中增添了狐狸想吃葡萄的心理活动，同时把狐狸一次次够葡萄的动作、最后失望还自我安慰的情态都描写得生动细致，很像一篇短小的童话。

（四）改用浅显的生动的语言

寓言本是成人文学中的一种体裁，不少作品的语言表达方式与儿童的认知能力有距离，要将它们改变成幼儿易于理解的幼儿文学语言，才便于幼儿接受。

探究与实践

一、名词解释

寓言。

二、简答题

1. 简述寓言和童话的差异。

2. 寓言的作用有哪些？

三、论述题

请以一篇幼儿寓言为例，具体说一说都体现了幼儿寓言的哪些特点。

四、创作题

为寓言《兔子和乌龟》续编"新编龟兔赛跑"，要求改变原有寓意。

单元七

幼儿戏剧

学习目标

◆ 了解幼儿戏剧的概念与发展。

◆ 掌握幼儿戏剧的特点及分类。

◆ 掌握欣赏幼儿戏剧的方法，帮助幼儿灵活理解和欣赏这一传统艺术形式。

◆ 学会改编适合幼儿听赏的戏剧，加深幼儿对传统文化的喜爱。

情境导入

在生活中，幼儿老师经常会告诉小朋友：我们应该爱护地球，保护环境，把青山绿水还给鸟儿。为了让小朋友们真正成为大自然的好朋友，老师将幼儿故事《大树与小鸟》转化成幼儿戏剧，通过简短的舞台表演将小鸟和大树的友情娓娓道来，同时让孩子们明白大自然对人类的重要性。

大树和小鸟是幼儿熟悉、喜欢的好朋友，小朋友们具有强烈的好奇心、模仿性强，能用简单的戏剧表演表达自己的感觉和想法。

在这个丰富的戏剧活动中，幼儿角色形象非常可爱，贴近于幼儿生活，更能真实地展现生活中的真善美。

在幼儿文学中，幼儿戏剧属于综合艺术，欣赏幼儿戏剧，幼儿能得到快乐的体验，其身心也能得到一定的成长，多彩的舞台给予孩子们爱和美的雨露滋润。

活动一　认识幼儿戏剧

一、幼儿戏剧的概念与发展

（一）概念

戏剧是以舞台表演为中心，融合文学、音乐、美术、舞蹈等多种成分在内的综合性艺术。剧本为舞台演出提供脚本，是一种可供阅读的文学体裁。戏剧剧本即戏剧文学。

幼儿戏剧是戏剧的一个分支，是指以幼儿为观众对象，适合他们的接受能力和欣赏趣味的戏剧。

在孩子们眼中，戏剧表演就是一种娱乐游戏，在游戏中，他们模拟装扮，张开想象的翅膀，自由尽情地宣泄，获得情感、社会性、能力等多方面的发展。

幼儿戏剧可以由成人表演给幼儿观看、欣赏，也可以由幼儿表演给幼儿观看、欣赏。

（二）发展

由于古代忽视儿童的个性发展，我国古代儿童戏剧十分缺乏，更没有专供幼儿欣赏的戏剧。直到20世纪初，一批知识分子受西方现代教育思想影响，认识到艺术教育对人发展的重要性，他们改革传统教育、引进音乐和美术课程，同时倡导儿童戏剧。五四运动以后，郭沫若、郑振铎、叶圣陶等著名作家积极参加到儿童剧创作中，开始给孩子们写剧本。新式学校把排演儿童剧作为课外活动的重要内容。在儿童剧蓬勃发展的过程中，专供幼儿欣赏的幼儿戏剧随之出现。

1922年，《小朋友》杂志上发表了黎锦晖的儿童歌舞剧《麻雀与小孩》，它被公认为我国最早的幼儿戏剧。随后，黎锦晖又陆续创作了十余部儿童歌舞剧，其中《葡萄仙子》《三蝴蝶》《月明之夜》《小小画家》都是可供幼儿观赏的作品。黎锦晖是我国儿童歌舞剧的奠基人和首倡者，他把中国传统的民族审美与西方音乐形式结合起来，创造出歌舞剧的崭新形式。

中华人民共和国成立后，我国儿童戏剧事业得到全面发展，涌现出一大批幼儿戏剧优秀作品，如张天翼的童话剧《大灰狼》《蓉生在家里》，老舍的《宝船》，乔羽的童话歌舞《果园姐妹》《森林的宴会》，任德耀的《马兰花》，金近的《兔妈妈种萝卜》，刘饶民的童话歌舞剧《小兔子领尾巴》和稍晚些的沈慕垠的木偶剧《老公公种红薯》等。由包蕾原创并改编的童话剧《小熊请客》，经中央人民广播电台《小喇叭》节目配曲播放后，受到全国小朋友的喜爱，当时，在孩子中可说是家喻户晓、耳熟能详。《小熊请客》一度成为中央电台保留节目，影响了几代儿童。作家柯岩则是直接走进幼儿园中，她的《照镜子》《红灯绿灯和警察叔叔》《打电话》等作品，融合了诗歌、戏剧和游戏，贴近幼儿生活，成为孩子们节日里喜欢排演的剧目。

20世纪80年代后，幼儿戏剧创作又有了新的进展，出现了一批优秀的作品，如柯岩的《小熊拔牙》、沈慕垠的木偶剧《老公公种红薯》、方圆的《"妙乎"回春》、孙毅的《五彩小小鸡》、耿延秋的《小蝌蚪找妈妈》、沙叶新和江嘉华的《兔兄弟》、童话剧《人参娃娃》、京剧儿童剧《寒号鸟》等。

目前，国内幼儿剧创作不够繁荣，与国外相比，在创作和演出的理念模式上都有一定差距，应积极学习和借鉴国外的经验。

二、幼儿戏剧的分类

（一）构成

戏剧作为一种独特的表演形式，分类方法很多。按戏剧容量、场次分，可分为多幕剧和独幕剧；按题材来分，可分为历史剧、神话剧和现代剧；按表现形式分，可分为话剧、歌剧、歌舞剧、哑剧、木偶戏、皮影戏、广播剧等。常见的幼儿戏剧种类有：幼儿话剧、幼儿歌舞剧、幼儿木偶剧、幼儿皮影戏、幼儿广播剧和幼儿故事表演。

（二）分类

1．幼儿话剧

幼儿话剧是以角色形象的台词、表情、动作等为主要表现手段的一种幼儿戏剧。

幼儿话剧直接取材于幼儿生活，以生活的本来面貌出现在舞台上。其中，以拟人形象为主要角色、用幻想形式表现的叫幼儿童话话剧（童话剧），如方圆的《"妙乎"回春》、刘厚明的《小雁齐飞》；以人物形象为角色来表现幼儿现实生活的叫幼儿生活话剧（生活剧），如日本坪内逍遥的《回声》、凌舒的《"小祖宗"和"小宝贝"》。

幼儿话剧大多短小、浅显，有些也辅以歌唱等音乐手段。

2．幼儿歌舞剧

幼儿歌舞剧是以唱歌和舞蹈为主要表现手段，适宜幼儿观赏的小型歌舞剧。幼儿歌舞剧一般用幼儿可以理解的音乐和舞蹈来刻画角色形象，演绎情节，表达主题。突出音乐性、动作性和统一性。在具体的剧本中，有的以歌唱为主，有的歌舞并重，有的则配以诗歌朗诵和旁白等。幼儿歌舞剧可以由幼儿自己演出，也可以由成人演出，还可以由成人和幼儿共同演出。戏剧形式一般载歌载舞，气氛热烈。

在幼儿歌舞剧中，以动物拟人形象为角色的叫幼儿童话歌舞剧，如黎锦晖的《葡萄仙子》、金近的《兔妈妈种萝卜》；以人物形象为角色，表现幼儿现实生活的叫幼儿生活歌舞剧，如《办家家》《照镜子》等。

我国歌舞剧的首创者黎锦晖认为：儿童歌舞剧"可以增进知识与思想，是普及民众教育的桥"。

3. 幼儿木偶剧

幼儿木偶剧是由人操纵木偶来进行表演的一种幼儿戏剧。

幼儿木偶剧一般短而精。人物对白简单明了，线索单纯、剧情紧张明快。演出时，演员在幕后一边操纵木偶，一边说白，并配以音乐。木偶可分为布袋木偶、杖头木偶、提线木偶等。布袋木偶制作简单，容易操作，大中班幼儿也能操作表演，广泛运用在幼儿园教育活动中。杖头木偶制作和操作，比布袋木偶复杂，它形体较大、醒目、表现力强，也运用于幼儿园。提线木偶的制作和操作较为复杂，难度大，幼儿难以把握，适合幼儿观赏。依其"偶"的质料区别，它又可以包括木偶戏、皮影戏、手指戏等样式。

木偶最适宜表现童话、神话、民间故事、寓言等题材内容。它那呆头呆脑又灵性十足的"偶味"，是人望尘莫及的。著名木偶艺人沈慕垠的《老公公种红薯》、张继楼的《"我知道"》等，是专门为幼儿创作的木偶剧。

现在出现一种演员和木偶同台表演的人偶剧。演员一会儿是木偶的操纵者，一会儿脱离木偶变成角色。在舞台空间中，人与偶可自由飞翔、忽出忽入。人偶剧还将踢踏舞、街舞、扇舞、水上芭蕾等现代舞蹈元素融入其中，给孩子们美的艺术享受。

4. 幼儿皮影戏

皮影，又名灯影，是用驴皮雕刻成的各式各样的人物造型，利用灯光把这些人物造型照射在纱幔（屏幕）上，映出影子；给它配上音乐，就能表演故事。幼儿皮影戏是人通过操纵用兽皮做的人物、动物剪影来表演故事的一种幼儿戏剧。

皮影戏是我国民间艺术家独创，其最大特色是侧面影像（五分脸）有影无形，朦胧之美妙不可言。演员操纵木偶时靠灯光的显影表演，故影像变幻无穷，可大可小，自由出入。加上艺人动作、唱腔、音乐的配合，会有栩栩如生的效果。福建皮影剧团演出的皮影戏《孙悟空大闹天宫》，深受小朋友们的欢迎。

5. 幼儿广播剧

幼儿广播剧是专供广播电台播出，诉诸幼儿听觉的幼儿戏剧。电视普及之前，幼儿广播剧是最流行的幼儿戏剧形式。幼儿广播剧能拓展幼儿的想象空间，使其获得精神愉悦。播出的广播剧需要先录音，演员靠声音塑造角色，因而同样要投入剧情。台词和语气词要求非常清晰，音响效果要求逼真而又夸张，音乐情绪化、个性化很突出，能给人"闻声入境""闻声知事"的艺术效果。

6. 故事表演

故事表演是在幼儿学会复述故事的基础上，由教师组织、指导他们参加的一种演出活动。

故事表演的目的是让幼儿进一步感受、理解故事内容，体验角色，愉悦身心，增长表演才干。

表演以分角色诵述为主，配以适当动作、表情及相关头饰，是文学和游戏的结合。故事表演人人都能参与，几乎不需要道具和场景布置。提供给幼儿表演的故事材料以童话为主，一般应有反复的情节，便于幼儿记忆。

三、幼儿戏剧的特点

幼儿戏剧文学作为戏剧文学的组成部分，具有一般戏剧文学的艺术特征。但由于幼儿特殊的审美需求，所以幼儿戏剧又有独自的特点。

（一）气氛活泼，极富游戏性

幼儿戏剧在内容上大多反映、表现幼儿的游戏活动，艺术形式上也具备幼儿游戏的特点。在观看幼儿戏剧时，幼儿常常作为"戏中人"，随剧情发展一起忧愁、快乐。幼儿戏剧契合了孩子游戏的天性，对孩子有着天然的吸引力。高尔基说："游戏是儿童认识世界的方法，也是他们认识世界的工具。"幼儿戏剧演出就是经过组织训练后，具有戏剧艺术特征的高级游戏。

童话剧《小熊拔牙》，前半部分是小熊自娱自乐的独角戏表演，内容上有明显的游戏性质。后半部分小熊因贪吃而导致牙痛牙烂，不得不让小白兔医生和小动物拔掉牙的过程，则是幼儿玩过的"拔萝卜"游戏的翻版。

游戏是幼儿认知、体验世界的方式。在童话剧《五彩小小鸡》中，作家则让小观众们直接参与到表演过程之中。小朋友和"母鸡"一起保护鸡蛋，赶走老鼠。孵出小鸡后，老鹰捉小鸡，母鸡护小鸡，小观众们帮着打老鹰。

小朋友：老鹰来了我们就"哒……"（用手装着打枪的样子）一声唿哨，老鹰飞来。

母鸡提醒：老鹰又来了！小鸡们钻进母鸡的双翅下躲着。小朋友命令：打，打！观众都用手假装成枪，瞄准老鹰：哒……

剧情紧张、惊险，又热烈、欢乐。表现形式上犹如一场幼儿游戏活动。

一些贴近现实生活的幼儿戏剧也不例外，如《照镜子》《红灯绿灯和警察叔叔》《打电话》等。《红灯绿灯和警察叔叔》模仿的是成人生活中的交通管理，但除了警察叔叔外，十字路口的红灯、绿灯和各种车辆都被拟人化了，主要内容再现了幼儿生活中的游戏。在游戏中，这些拟人化形象，幼儿觉得理所当然，没有丝毫别扭的感觉。

（二）戏剧冲突单纯、有趣

幼儿戏剧冲突比较单纯，且充满幼儿情趣。戏剧冲突是生活中的矛盾在戏剧文学中的艺术反映和艺术表现。例如，《照镜子》，作者把聚焦点放在镜子上，巧妙设置小姑娘和镜子里的小姑娘的戏剧冲突。镜子里外的两个小姑娘外形一模一样，对小观众来说，这既熟悉又有趣，他们平时也往往把镜中的影子当作另外一个小朋友。作者就是抓住这一特点设置戏剧冲突的。

……瞪你两大眼，我瞪你眼一双。朝你歪鼻子，我朝你扭鼻梁。冲你吐舌头，我吐得一样长。用手戳镜子，镜子冰冰凉。给你一巴掌，我还你一巴掌。气得直掉泪，我也是泪两行。扭转身不照了，不照你还是脏。

通过两个面孔完全相同的角色瞪眼睛、歪鼻子、吐舌头、戳镜子、打巴掌、掉眼泪、转身不照这一系列完全相同的戏剧性动作，形成妙趣横生的喜剧效果。镜子里从不撒谎、不隐藏缺点的镜中小姑娘是拟人化了的特殊形象，小姑娘照镜子之所以生气，之所以与"镜中小姑娘"有矛盾冲突，是因为她自己平日不爱清洁的行为性格与心里不希望如此的愿望发生了矛盾冲突，构成了戏剧冲突。在镜内镜外相似对比下，小姑娘改变了不讲卫生的坏习惯。

戏剧冲突通常由角色生活经验和认识水平不足而引发，表现为自身性格的心理冲突。如《小蝌蚪找妈妈》中，小蝌蚪们见小鸭子们有妈妈，也要找自己妈妈。由于自身认识的片面和找到妈妈的急切心情，小蝌蚪们错把金鱼妈妈、鹅妈妈、乌龟妈妈当成了妈妈。而见到了青蛙妈妈，反而不认识了，从而闹出了笑话，产生有趣的戏剧冲突。

戏剧冲突越激烈，越能吸引孩子们的注意力。在《阿拉丁神灯》中，贫穷少年阿拉丁借助神灯的力量战胜"阴谋家"宰相，帮国王、公主重返皇宫。当剧中穿着黑衣服的坏蛋恶声恶气地问"公主藏在哪儿"时，小观众们都保守着秘密。最终，阿拉丁打败坏蛋救出了公主，小朋友们欢欣鼓舞。

对于幼儿来说，一次演出就是一次奇妙的观戏体验。

（三）语言动作化、口语化、韵律化

戏剧语言由舞台提示语言和角色语言组成。角色语言就是台词，由于幼儿认知水平和语言能力有限，台词设计应简短、悦耳、上口。

 案例展示厅

戏剧《小熊拔牙》一开始熊奶奶和小熊的对话
妈妈：我是狗熊妈妈。
小熊：我是小熊娃娃。
妈妈：我长得又高又胖。
小熊：我就像我妈妈。
妈妈：妈妈要去上班。
小熊：小熊在家玩耍。

视频：《小熊拔牙》

点评： 这段台词语言简洁、明快，能让幼儿更好地进入戏剧表演状态。

语言用词浅白、句式短小，并有韵律感。清楚地交代出人物彼此的关系，虽然没有一句舞台提示，但也能想象出小熊模仿妈妈那憨态可掬的滑稽模样。

熊妈妈走后，小熊独自在家的一段台词更是高度形象化和动作化，反映出小熊天真、顽皮的性格。

> 妈妈上班啦，啦啦啦，现在我当家，啦啦啦。
>
> 先唱个小熊歌：1234，哇呀呀呀，呀。
>
> 再跳个小熊舞：5432，蹦蹦蹦蹦，哒。
>
> 哎呀，答应过妈妈洗脸呀。
>
> 先洗洗小熊眼，再擦擦熊嘴巴；
>
> 熊鼻子抹一抹，熊耳朵拉两拉；
>
> 嗯，就不爱刷牙。那——那就不刷吧！
>
> 饼干拿一叠……唉！答应过不吃它。
>
> 糖球抓一把……唉！也答应不吃它。
>
> 这罐甜蜂蜜，哈！没说过不吃它。
>
> 这瓶果子酱哈，妈妈也忘了提它。

点评： 不爱刷牙又贪吃甜食的小熊形象，通过在舞台上"唱""跳""洗""擦""抹""拿""抓"的边说边表演，被表现得活灵活现。

幼儿戏剧的语言应浅显易懂、短小活泼，以表现幼儿的年龄特点、爱好和生活习惯。

（四）歌舞成分突出

与其他戏剧相比，幼儿戏剧中的歌舞成分非常突出。幼儿戏剧往往融合话剧、舞剧、歌剧等形式于一体。比如，黎锦晖的儿童歌舞剧《麻雀与小孩》中，老麻雀教小麻雀学飞翔的唱词。

◎ 案例展示厅

> 老麻雀：这个样子飞，飞，飞，飞，慢慢飞。
>
> 小麻雀：这个样子飞，飞，飞，飞，慢慢飞。
>
> 老麻雀：这边飞来，那边飞去，飞，飞。
>
> 小麻雀：这边飞来，那边飞去，飞，飞。
>
> 老麻雀：要上去就要把头抬，要转弯尾巴摆一摆，要下去尾巴斜着飞，
>
> 小麻雀：照这样上去把头抬，照这样尾巴摆一摆，照这样尾巴斜着飞。

点评： 演员运用舞蹈语言表现情节，塑造形象……如诗如歌、如梦如幻，节奏优美。"这个样子飞""慢慢飞"，老麻雀耐心教，小麻雀认真学；通过观看，孩子们体会了母亲的爱心。

舞蹈具有直观性、形象性和模仿性的特点。歌舞成分可增强幼儿戏剧的观赏性。演出中，幼儿乐意去辨别它是孔雀，还是蝴蝶；是小鸡，还是小猫。而且在音乐的伴奏下，幼儿会模仿演员跟着跳起来。

●●●●● 活动二　幼儿戏剧作品导读 ●●●●●

一、著名作家简介

（一）包蕾

包蕾（1918—1989 年），原名倪庆秩，笔名叶超，浙江镇海（今宁波）人，现代剧作家、儿童文学家。著有《包蕾童话剧作选》，美术片脚本《金色的海螺》《三毛流浪记》《天书奇谭》《三个和尚》，电影文学剧本《三人行》《雪夜梦》等。《金色的海螺》获亚洲电影节卢蒙巴奖。

包蕾的作品风格多样，有的单纯明朗，有的诗意盎然，有的偏重于情节的叙述，有的着力于意境的渲染。这些作品和包蕾的气质、个性，以及丰富的阅历和渊博的学问融合在一起。包蕾的《小熊请客》轻快明快、妙趣横生，是一出脍炙人口、深受几代孩子喜爱的童话剧。

1980 年，包蕾荣获全国少年儿童文艺创作荣誉奖。

（二）柯岩

柯岩（1929—2011 年），原名冯恺，女，满族，当代著名作家，诗人。20 世纪 50 年代，因创作《小熊拔牙》《打电话》《照镜子》《红灯绿灯和警察叔叔》等儿童戏剧文学作品而闻名。

柯岩常常以诗剧的形式表现游戏性极强的内容。她的作品饱含着女性独有的母性的慈爱，充满温存与温馨。女性的温情与纯真的童心贯穿她的创作。她风趣优雅的语言、精致巧妙的构思令其作品别具一格，自成一家。在 60 余年的创作生涯中，她涉猎广泛，佳作频出。

（三）孙毅

孙毅（1923—2020 年），原名孙志万，江苏省宿迁市人，原中国作家协会会员，儿童戏剧作家。长期从事儿童文艺工作，著有儿童诗歌《小铁匠》、儿童剧本《小霸王》（已公演）、《小霸王和皮大王》、中小学课本剧《秘密》、木偶剧剧本《五彩小小鸡》《长耳朵与翘胡子》、儿童相声集《武松打老虎》《翻筋斗》、大型木偶戏剧本《小白兔与小花猫》《南京路上好孩子》。独幕剧剧本《钓鱼》获 1980 年上海儿童时代独幕剧奖。木偶剧《一只小黑猫》《癞蛤蟆不是想吃天鹅肉》分别获 1983 年、1989 年陈伯吹儿童文学园丁奖。儿童相声集《嘻嘻哈哈》获陈伯吹儿童文学奖。木偶剧集《五彩小小鸡》获上海作协幼儿文学奖。

孙毅主编《新中国六十年儿童戏剧短剧选》。他编撰儿童剧百余部，二百余万字，著有六卷本《孙毅儿童戏剧快活丛书》。

（四）任德耀

任德耀（1918—1998 年），笔名王十羽，江苏省扬州市人。任德耀经历了中国儿童剧姗姗学步、成长发展的全部历史。《马兰花》《魔鬼面壳》等剧曾饮誉中外。他的作品诗意盎然，富于哲理，在充满儿童情趣的艺术氛围中，引发人们对人生底蕴的遐想。

《友情》《马兰花》获第一届全国话剧观摩演出剧本二等奖，《马兰花》在 1980 年获第二次全国少年儿童文艺创作一等奖。《小足球队》于 1964 年获中央文化部颁发的 1963 年以来优秀话剧作者奖。《好伙伴之歌》获上海市首届戏剧节演出奖，1982 年获全国儿童剧观摩演出优秀创作奖。《宋庆龄和孩子们》获全国儿童剧观摩演出优秀创作奖。

1991 年，任德耀获全国优秀儿童少年工作者称号。

（五）黎锦晖

黎锦晖（1891—1967 年），儿童歌舞音乐作家、中国近代歌舞之父、儿童歌舞剧的奠基者和倡导者。他创作了《葡萄仙子》《麻雀与小孩》等 12 部儿童歌舞剧。黎锦晖将歌词的字音、四声与音乐有机地结合起来，体现了中国语言与音乐美的和谐统一。他的歌舞剧作品富于民族风味，符合儿童特点。

二、经典作品导读

（一）包蕾的《小·熊请客》

视频：《小熊请客》

小熊请客

包　蕾

第一场　在树林中

太阳透过树丛，照射着绿油油的草地，各种颜色的小野花，开得可好看啦！树上的小鸟快活地叫着。

在一阵怪里怪气的音乐声中，狐狸顺着林中小路一颠一拐地走了过来。

狐　狸　（数板）

我的名字叫狐狸，

一肚子的坏主意，

人人见我都讨厌，

说我好吃懒做没出息。

（他抬头看了看太阳）

太阳升得高又高，

肚子里还没吃东西！

（白）唉！真倒霉！到现在连一点儿吃的都没弄到手，饿得我两条腿一点儿劲儿都没

有了，我还是先在大树背后躺着歇一会儿吧！

狐狸靠着大树懒懒地眯上了眼睛。

一阵轻快的音乐由远而近，小猫咪提着一包点心，连唱带跳地跑了过来。

小　　猫　　（唱第一曲《到小熊家里去》）

小熊请客

喵喵喵，

真呀真快活。

今天过节小熊请客。

我们到他家里去，

又吃又玩又唱歌。

喵喵喵，喵喵喵，

真呀真快活！

狐狸听见小猫的歌声，就从树后跳了出来。

狐　　狸　　喂！小猫咪！你到小熊家去吗？带我一块去吧？

小　　猫　　你？（唱第二曲《我才不带你！》）

狐狸，狐狸！

你没出息，

你自己不做工，

还想白白吃东西。

我呀，哼！

我才不带你！

小猫咪头也不回，连蹦带跳地渐渐走远了。狐狸看着小猫咪的背影气呼呼地骂了起来。

狐　　狸　　哼！真气死我啦！小猫咪真是个坏东西！（他伸了伸懒腰，打了个哈欠）

唉！我还是在这儿躺一会儿吧！

狐狸背靠着树，两眼刚刚眯起来，远远又传来一阵愉快的音乐，小花狗带着给小熊的礼

物，蹦跳跳地跑来了。

小花狗　　（唱第一曲《到小熊家里去》）

汪汪汪，

真呀真快活，

今天过节小熊请客。

我们到他家里去，

又吃又玩又唱歌。

汪汪汪，汪汪汪，

真呀真快活！

狐狸等小花狗走近了，又从树后跳了出来。

狐　狸　　小花狗，你今天打扮得真好看，上哪儿去呀？

小花狗　　今天过节，我们到小熊家去玩！

狐　狸　　小花狗，你带我一块去吧？

小花狗　　你？（唱第二曲《我才不带你！》）

狐狸，狐狸！

你没出息，

你自己不做工，

还想白白吃东西，

我呀，哼！

我才不带你！

小花狗瞪了狐狸一眼，蹦蹦跳跳地走远了。

狐　狸　　哼！小花狗也是个坏东西！我还是在这儿再歇会儿吧！

狐狸伸了个懒腰，垂头丧气地靠在大树背后。这时远远传来了小鸡的歌声。

小　鸡　　（唱第一曲《到小熊家里去》）

叽叽叽，

真呀真快活，

今天过节小熊请客。

我们到他家里去，

又吃又玩又唱歌。

叽叽叽，叽叽叽，

真呀真快活！

狐狸又跳了出来，满脸含笑地迎着小鸡走过来。

狐　狸　　哎呀呀，亲爱的小鸡呀，我简直都不敢认你啦！你今天打扮得多么漂亮呀！

你这是要到哪儿去呀？

小　鸡　　今天小熊请客，我到他家玩去！

狐　狸　　这可真太好啦！咱们可以在一块儿好好地玩玩啦！我跳舞给你看。小鸡，你带我一块儿去吧？

（狐狸把两眼眯成一条缝，声音特别柔和）

小　鸡　　（上下看了狐狸一眼）你？（唱第二曲《我才不带你！》）

狐狸，狐狸！

你没出息，

你自己不做工，

还想白白吃东西，

我呀，哼！

我才不带你！

小鸡连头都没有回一下，就一跳一跳地走远了。狐狸气死了，看着小鸡的背影，狠狠地骂起来。

狐　狸　　哼！又是一个坏东西！（想了想）好哇，你们不带我去，我自己去。到了小熊家，我就把好吃的东西，一口气都吞进肚子里，你们等着吧！

狐狸眨了眨眼睛，舔了舔舌头，一颠一拐地朝小熊家走去了。

音乐也随着渐隐下去。幕落。

第二场　　在小熊家里

在一间用石头堆起来的屋子中间放着一张木桌，四个小木凳，桌上摆着小熊给朋友们准备好的小鱼、肉骨头和小虫子。一盆开得非常好看的红花放在桌子中央。

小熊正在一边唱着一边收拾屋子。

小　熊　　（唱第三曲《朋友来了多高兴》）

把地扫干净，

桌子凳子擦干净，

朋友来了多高兴！

啦啦啦，啦啦啦，

朋友来了多呀多高兴！

"砰砰砰"，响起了敲门声。

小　熊　　谁呀？

小　猫　　我是小猫咪。

小熊高兴地跑去把门打开，亲切地把小猫让进来，又把门关好。

小　熊　　（唱第四曲《欢迎曲》）

欢迎你，欢迎你，

好朋友，我欢迎你！

小　猫　　（唱）

见你真高兴，

看见你真高兴，

（白）小熊！

这一包点心送给你！

小猫咪把点心递给小熊。

小　熊　　（唱）

谢谢你！

我也请你吃东西，

这是骨头、小虫和小鱼，

随便吃点儿别客气。

小　猫　　（唱）

骨头、小虫我不爱，

小小鱼儿我最欢喜！

（小猫正在高兴地吃着，又响起一阵敲门的声音）

小　熊　　谁呀？

小花狗　　我是小花狗。

小熊扭动着胖胖的身子要去开门，小猫已经跑到前面把门打开，让小花狗进来，又把门关好。

小　熊

小　猫　　（唱第四曲《欢迎曲》）

欢迎你，欢迎你，

好朋友，我们欢迎你！

小花狗　　（唱）

看见你们真高兴，

（白）小熊！

这一包点心送给你！

小花狗把带来的点心交给小熊。

小　熊　　（唱）

谢谢你，

我也请你吃东西，

这是骨头、小虫和小鱼，

随便吃点儿别客气。

小花狗　（唱）

小虫、小鱼我不爱，

肉骨头我是最欢喜！

小花狗、小猫正在高兴地吃着，"砰砰砰"门响了。

小　熊　谁呀？

小　鸡　我是小鸡。

小花狗第一个跑过去打开门，把小鸡让进来，又把门关好。

小　猫　（唱第四曲《欢迎曲》）

小花狗

欢迎你，欢迎你，

好朋友，我们欢迎你！

小　鸡　（唱）

看见你们真高兴，

（白）小熊！

这一包点心送给你！

小　熊　（唱）

谢谢你，

我也请你吃东西，

这是骨头、小虫和小鱼，

随便吃点儿别客气。

小　鸡　（唱）

骨头、小鱼我不爱，

小小虫儿我最欢喜！

在欢快的音乐声中，大家正吃得高兴，忽然响起了几下重重的敲门声。

小　熊　谁呀？

狐　狸　快开门！我是大狐狸！

小　熊　（惊讶地）哎呀！原来这个坏东西来了！

门敲得更厉害了。

狐　狸　快开门！把好吃的东西都拿来！

大伙很快地凑在一块，小鸡、小猫不停地问："怎么办？""怎么办呀？"

小　熊　（低声地）别急！我有办法啦！

小　鸡　快说呀！

小　猫　什么办法？快说！

小　熊　　我盖房子的时候，还剩下来好些石头块儿，我把它们分给你们。等一开门，咱们就一块儿拿石头砸他！

大　伙　　好！快点儿！

小熊这时好像一点儿也不笨啦，很快就把石头分完了。

小　熊　　（轻声地）好了吗……我去开门。

门"吱呀"一声开了，狐狸一步就跨进了门口。

狐　狸　　快把好吃的东西拿来，别惹我生气！

大　伙　　好吧！给你！给你！！给你！！！

大伙一面喊着，一面把石头狠狠地朝狐狸扔过去。狐狸抱起头，狼狈地叫起来。

狐　狸　　哎哟、哎哟……痛死我喽……快点儿逃走吧……

狐狸夹起尾巴，想夺门逃走，他猛一转头，一下子碰在石头墙上，痛得他倒退了两步，才看准门口，一溜烟跑了出去。

紧接着响起一阵快乐的笑声。

小　熊　　现在咱们大家可以好好地玩玩啦！

大家一边唱歌，一边跳起舞来。

（唱第五曲《赶走大狐狸》）

小　猫　　喵喵喵喵

小花狗　　汪汪汪汪

小　鸡　　叽叽叽叽、叽叽叽叽。

大　伙　　哈哈哈哈。

小　熊　　赶走大狐狸！

大　伙　　心里多欢喜！

小　熊　　跳起舞来唱起歌。

大　伙　　高高兴兴来游戏，

啦啦啦啦啦啦啦啦！

啦啦啦啦啦啦啦！

赶走大狐狸！

心里多欢喜！

跳起舞来唱起歌，

高高兴兴来游戏！

啦啦啦啦啦啦啦啦！

啦啦啦啦！

欢腾的尾声音乐清脆地响了起来……幕慢慢地落下来。

点评:《小熊请客》是一出非常受幼儿欢迎的幼儿童话剧。剧本的情节很单纯:爱劳动的小猫、小花狗、小鸡在去小熊家做客的路上,分别遇到懒而馋的狐狸,并先后拒绝他也要去做客的要求。当小动物们礼貌地来到小熊家,并受到主人殷勤招待时,狐狸蛮横霸道地闯进屋,要吃掉所有好东西,最终被小动物们齐心协力地用石头块儿轰跑。第二场是情节发展的高潮。由于作品采用游戏性质的方式表现角色间的矛盾冲突,所以整出戏显得纯净明快、气氛热烈。结构上,小猫、小狗、小鸡与狐狸的对话,形成情节与语言的重复,让幼儿容易学会。作者运用韵文和散文两种人物语言,代表和区别出两类动物迥然相异的特征,不同角色的拟声词则进一步强调突出了人物角色,又将对白与歌唱相结合,形式活泼,摇曳多姿,加上极富个性的音乐,能让孩子们在享受游戏快乐的同时受到思想教育。

（二）方圆的《"妙乎"回春》

"妙乎" 回春

方　圆

人物:猫大夫（著名的动物界医生）,"妙乎"（猫大夫的儿子）,小牛,小鹅,小兔。

时间:早晨

场景 "动物医疗站"。一间芭蕉叶盖的屋子。墙上挂着写有"妙手回春"的横幅,猫医生的椅子像只倒放的灯笼辣椒,病员坐的是扁豆荚形的长凳。床、桌等各有特色。

幕启时,只见小屋外戴眼镜的猫大夫在打太极拳。远处公鸡叫,一会儿,他侧听听屋里,见没动静,摇摇头,向树林跑去。不一会儿,躺着的小猫"妙乎"翻过身蒙头大睡。猫大夫回来,敲窗。

猫　　妙乎,该起来了！唉！还想当名医呢！

妙　　（又翻了个身）呜……呜……

猫　　（进门）妙乎,妙乎,怎么不响啊？

　　　（掀开被,拎妙乎耳朵）

妙　　妙——呜！妙——呜！爸爸,您不知道我在背书吗？

猫　　背书？我看你连书都不翻,还背什么书？

妙　　您在家,我跟您学！您不在家,我才念书！

猫　　好了,我没空和你斗嘴。我要去出诊了,有谁来了你就记下来。有急事,你打电话来,号码369。

　　　（拿起电话拨号,听筒和话筒是苹果形,柄是香蕉形）

　　　喂,喂！嗯,没人接电话,一定病得很重,我得赶快去了。

妙　　（起床坐到桌边）爸爸,您去好了。有谁来看病,我给看。

猫　　　你还没学会，好好看书，将来我教你。（匆匆忙忙走开）

妙　　　（边吃东西边翻书）ABC，CBA，看书真想打瞌睡，当个医生谁不会？胡说八道信口吹！哎哟，好累呀！（伏在书上睡着了）

　　　　小兔挎着草莓篮上。

兔　　　猫大夫！猫大夫！

妙　　　（抬起头）妙呜妙呜！（开门）喂，你是谁？

兔　　　我是小兔。猫大夫在吗？我请他看病。

妙　　　不在家。

兔　　　您是他的儿子吗？

妙　　　我不回答你。不过我告诉你，我是大名鼎鼎的妙乎医生。

兔　　　真的吗？我怎么没听说过？

妙　　　我才当医生，你当然不知道。不过，有句话你该知道。

兔　　　什么？

妙　　　人家赞扬我医术高明，是"妙乎回春"！

兔　　　好像只有妙手回春……

妙　　　不对，你记错了，我这儿有书为证。（翻书）翻不着，反正是你错了。

兔　　　我不跟您争了。妙乎医生，今天猫大夫不在家，请您给我看看好吗？

妙　　　行，小事一桩，坐下吧。（给小兔按脉，看面色）哎哟不好！你生大病啦！

兔　　　（吓一跳）什么什么？

妙　　　你得了一种出血病，出血病，危险透了！

兔　　　（吓坏了）啊！

妙　　　（拿起镜子）你看，你的眼睛都变红啦！

兔　　　（松了一口气）我们从小就是红眼睛，我爸爸妈妈，爷爷奶奶，哥哥姐姐，弟弟妹妹……生来就是红眼睛，不是出血。

妙　　　生来就这样？那就是遗传性的毛病，非看不可。

兔　　　（糊涂了）那，那猫大夫怎么从来没讲过？

妙　　　（一本正经）你到底听谁的？

兔　　　那请您给看看吧。

妙　　　这是红药水，一天吃三顿，还用它滴眼睛，也是一天三次。（拿一大瓶红药水给小兔）

兔　　　（不敢接）红药水能吃、能滴眼睛吗？

妙　　　你不照照你的眼睛，都红成什么样了！坐着马上吃，马上滴！

　　　　兔怀疑地接过，坐着犹豫不决。小牛上。

妙　　　还磨蹭什么？谁不知道我"妙乎回春"！

牛	哞……谁的喉咙这么大呀？
兔	（如获救）小牛快来，妙乎医生让我吃红药水，还要用红药水滴眼睛。我有点儿害怕。
牛	从没听说红药水能吃呀！
妙	妙呜妙呜，你是谁，来这儿大发议论？
牛	哞……我是小牛，您是医生吗？
妙	我是得过"妙乎回春"锦旗的医生妙乎！
牛	什么！"妙乎回春"？
妙	对。
	小牛反刍，胃里的草回上来，用口嚼着，没有能接话。
妙	你怎么啦？不做声光努嘴？
牛	（咽下草）哞……，不是，刚才我胃里的东西回上来，得嚼一嚼。
妙	（拍拍小牛背）得了，又是一个病号！
牛	怎么啦？
鹅	吭……，你生了未老先衰病。
妙	（不明白）怎么讲？
鹅	你小小年纪就衰老得不行了，不医好马上得完蛋。
妙	（更紧张，凑近他）你，你有什么根据？
鹅	自然有。（拿起镜子给他）你自己瞧瞧，瞧你的胡须有多长！
妙	（照着）胡须？这胡须一生下来就……
牛	（疑问地）哞……，那也是遗传病？
妙	啊！我？
鹅	是吧？你爸爸妈妈，爷爷奶奶，姐姐哥哥，弟弟妹妹，生下来都有胡须……
妙	（害怕起来）难道我也是遗传病，那我当不了名医了！妙呜呜呜……（哭起来）
鹅	（推推小兔、小牛）有一个办法可以治好。（这时猫大夫回来了，在门外挂着手杖听）
妙	只要能救我，用什么办法都行。
鹅	我先问你：小兔和小牛到底得了什么病？
妙	天知道他们生什么病。
兔	你不是说我生了出血病，眼睛都变红了吗？
牛	哞……，不是说我得了胃癌，走不到家半路就会倒下去吗？
妙	我是随便说说。
牛	哞……，随便说说？我差点儿让你用菜刀宰了！
兔	嘿，我差点儿把红药水吃掉！
妙	（又紧张起来）怎么办？

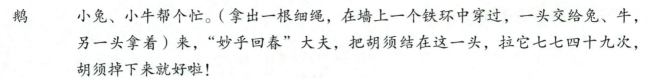

鹅	小兔、小牛帮个忙。（拿出一根细绳，在墙上一个铁环中穿过，一头交给兔、牛，另一头拿着）来，"妙乎回春"大夫，把胡须结在这一头，拉它七七四十九次，胡须掉下来就好啦！
妙	不疼吗？
鹅	有一点儿，可是要病好哪。（用绳子扎住他的胡须）
兔、牛	（开心地用力拉）嗨哟，哞……
妙	（怪叫）哎哟！妙乎！妙乎！妙——乎！……
鹅	（一本正经）一下、两下、三下、四下……
妙	哎哟、哎哟，哎哟哟！（全身跟着绳一上一下）
兔、牛	哈哈，哈哈！
妙	（忍不住）几下啦？
鹅	十三，十四，十五……妙乎大夫，还有二十几下就行啦！
妙	什么大夫不大夫，我连书都没好好看过一本。（把绳子从胡须上取下，抓起电话拨号）369，喂喂！

猫大夫出现在门口。

兔 牛 鹅	猫大夫好
妙	爸爸！您可回来了……
猫	我早就在窗外边，瞧你吹得晕头转向的！（搂住小鹅肩）孩子，你今天帮助了妙乎，我谢谢你，也谢谢小兔、小牛！（小动物们摇头表示不必）
妙	爸爸，（摸摸胡须羞愧地）我今后一定老老实实学习，不吹牛了！
鹅	到时候啊，我送你一面锦旗，就写上"妙乎回春"四个大字！

众笑。幕落。

点评:《"妙乎"回春》是幼儿十分喜爱的童话剧。小猫医生"妙乎"雅号的获得，看病时的臆断，充满了喜剧色彩。故事波澜起伏，妙趣横生。剧中主人公小猫"妙乎"不爱读书、念错字、对医药知识略知皮毛而信口开河，说小兔、小牛、小鹅得这个病了，得那个病了。小鹅以子之矛攻子之盾，说"妙乎"得了"未老先衰病"，要拔掉胡须才能治好，用游戏方式来解决戏剧的冲突，符合幼儿的审美情趣。看完笑够后，孩子们会从中悟出：只有老老实实、认认真真地看书学习，刻苦钻研，才能走上成功的道路。

该剧台词极富个性化，特别是以"妙乎"这日常生活中唤猫和猫叫的声音来编剧本，因为"乎"与"手"又字形相近，小猫把"妙手回春"当作"妙乎回春"，既显得合理，又突出"妙乎"不懂装懂和骄傲自大的毛病。作品构思巧妙，符合幼儿的心理与思维方式。

该剧于20世纪80年代获得了我国第一届儿童文学园丁奖优秀作品奖。

（三）孙毅的《五彩小小鸡》

五彩小小鸡

孙毅

人物　母鸡　灰鼠　棕鼠　老鹰

小鸡：红红　黄黄　蓝蓝　白白　黑黑

幕启　春天，草地一片新绿，鸟儿欢快地鸣叫。布谷鸟叫着"布谷、布谷……"飞向远处。

母鸡"咯……"着急地抱着一捧干草来到草地上。她来回看着，终于选到了一块合适的地方。她先用脚爪扒了扒地，再将干草铺成一个草窝。她左看右看，十分满意地拍着翅膀奔下。

一会儿，母鸡抱来了一只粉红色的蛋放在草窝里。她又一次一次去抱来了浅黄、浅蓝、奶白色的蛋。挨次放在草窝里，排成一行。而后，母鸡含着木炭在红蛋上画个"1"字，蛋里发出"多多"的音调；又在黄蛋上画个"2"字，蛋里发出"来来"的音调；她在蓝蛋上画个"3"字，蛋里发出"咪咪"的音调；又在白蛋上画个"4"字，蛋里发出"发发"的音调。母鸡将四只蛋摆成正方形后，跳进草窝，蹲在蛋上孵着。她朝左右两边看了看，用嘴将露出身外的一只蛋向里面拨了拨，见四只蛋全在她的身底下了，才放心地闭起了眼睛。

母鸡突然"咯咯——大……"地叫了起来。当她从鸡蛋上跨出草窝时，兴奋地对着刚生下的比其他四只蛋更大的彩色蛋，"咯咯——大，咯咯咯——大……"大叫起来。

母鸡又含着木炭在彩色蛋上画个"5"字，唤着"少少"，同时将这彩色蛋安排在四个蛋的中间。

母鸡又跨进草窝，像闭目养神似的孵着。

一只灰鼠贼头贼脑地探出头来，母鸡睁开眼，灰鼠就逃了。另一边，一只棕鼠又伸出头来，母鸡一扭头，棕鼠也逃了。母鸡不安地动了动身子，刚坐稳，就"咯咯……"惊叫着跳出草窝。一声"少少……"音传出，只见那彩色蛋头上伸出两只鸡脚来，朝天乱蹬着。突然，那彩色蛋"骨碌"一声，头朝上，脚朝下地倒了过来，两只鸡脚一着地，就顶起彩色蛋壳跑了。母鸡要捉他，他在四只蛋当中逃来逃去，和母鸡捉起迷藏来了。最后还是让他逃脱，一溜烟不见了。母鸡急得"咯……"地追去。可刚追几步，又停下来，她衔来一根绳子将四只蛋围捆起来，这才放心地去追。一会儿又回转来走到台口。

母鸡（对台下小观众）小朋友们，请你们帮帮忙，替我看好我的红红、黄黄、蓝蓝、白白四个小宝贝……好不好？

观众　好——

母鸡　要是有谁来偷蛋，请你们喊"鸡妈妈……"我就来了，谢谢你们，再见了……

（奔下）

一会儿，草窝里突然钻出灰鼠，它嗅了嗅蛋，又推了推，因为四只蛋捆在一起，它推不动。

观众　　（喊）鸡妈妈……

灰鼠一听小观众的喊声，马上逃了。过了一会儿，灰鼠带着棕鼠又来了。

观众　　（又喊）鸡妈妈……

灰鼠迅速站起身咬断了捆蛋的绳子。绳子一断，四只蛋散开了，灰鼠向红蛋一扑，抱住蛋，向后一仰，四脚朝天地抱住蛋，棕鼠拖着灰鼠尾巴就跑。

观众　　（更着急地喊）鸡妈妈……

母鸡正抱住彩色蛋跑来，那彩色蛋的两只小鸡脚还拼命蹬呢。母鸡听见小朋友急叫着也慌了。

母鸡　　（问小朋友）出了什么事啦？

观众　　老鼠……偷蛋……

母鸡见两只老鼠正拼命地在拖蛋，急忙放下彩色蛋"咯……"地去追老鼠，可是一回头彩色蛋又跑掉了，母鸡想去追彩色蛋又止步，还是去追老鼠，两只老鼠被母鸡啄得丢下蛋狼狈而逃。

母鸡将红蛋抱进草窝。点着红、黄、蓝、白四只蛋，同时发出"多、来、咪、发"四个音。

母鸡　　（问小朋友）哎呀，我的第五个小宝贝往哪儿跑的呀？我忘啦！

观众　　（指着彩色蛋跑的方向）那儿……

母鸡　　哦，谢谢你们，谢谢……

母鸡追下。

彩色蛋从另一面跑上，灰鼠与棕鼠追来。彩色蛋跑到红、黄、蓝、白四只蛋前后左右躲着，两只鼠围着蛋追。灰鼠忽然不跟着棕鼠围着四只蛋追彩色蛋了，它掉转头与棕鼠包抄彩色蛋。彩色蛋正受着灰鼠与棕鼠的两面夹攻，这时，红蛋与黄蛋突然分开，彩色蛋急忙挤到红黄蓝白蛋的中间。五只蛋紧紧挨在一起，没有空隙。

观众　　（又不断喊）鸡妈妈……

母鸡　　怎么啦？……

观众　　老鼠……又来了！

母鸡正要赶上去啄鼠，两只鼠早就溜掉了。

母鸡　　（伤心地哭了）我的第五个小宝贝不见了……

观众　　来了……他来了……

母鸡　　哦，哈哈！（看见彩色蛋回来了）别跑，别再跑了，老鼠会把你吃掉的。

母鸡又跨进草窝，在蛋上孵了起来。

在"多多"音乐声中，红蛋从母鸡身底下滚出来，蛋壳破裂成两片，跳出一只小红鸡。

母鸡　　红红，我的小红红。

红红　　妈妈……

在"来来"音乐声中，黄蛋从母鸡身底下滚出来，蛋壳头上破裂了，小黄鸡伸出头来。

母鸡　　黄黄，我的小黄黄。（用嘴将蛋壳啄成两半）

黄黄　　（从蛋壳里跳出来）妈妈……

在"咪咪"的音乐声中，蓝蛋从母鸡身底下滚了出来，蛋壳头上破了个洞，小蓝鸡伸出头来。蛋壳底下也破了个洞，小蓝鸡又伸出脚来，红红拉蓝蓝的头，黄黄拉蓝蓝的脚，拉不出来。

母鸡　　嗳！别拉，别拉！（将蛋壳啄破）

蓝蓝　　（从蛋壳里出来了）妈妈……

母鸡　　蓝蓝，我的小蓝蓝！

在"发发"的音乐声中，白蛋从母鸡身底下出来了。　白蛋头上破了个大洞，伸出了小白鸡的头，红红连忙去拉白白，黄黄拉红红，蓝蓝拉黄黄，拉呀拉呀，像拔萝卜似的将白白拉出了蛋壳。

母鸡　　……白白，我的小白白！

白白　　妈妈……

红红、黄黄、蓝蓝、白白围着草窝里的母鸡，"叽叽叽叽……"一面叫着，一面转圈子欢舞着。

母鸡　　咯咯咯咯……（跳出草窝，左看右看，看不见彩色蛋，叫着）小五，小五呢？

小鸡们帮着母鸡将草窝拆散了，也找不着彩色蛋。

母鸡　　怎么不见了？

小鸡　　（叽叽喳喳地）怎么不见了……

突然远处发出"少少"的声音。

母鸡　　（昂首眺望）在那儿，在那儿。（对小鸡们）孩子们，快来快来……

母鸡冲下，小鸡们飞也似的跟着奔下。

彩色蛋靠着他两只小鸡腿顶着蛋壳逃上。灰鼠和棕鼠在后面追着，跑了个圆场；灰鼠、棕鼠两面夹攻，从左右两边抱住了彩色蛋。

观众　　鸡妈妈……

母鸡　　（奔上）来了，来了！（对准灰鼠的左眼啄去，灰鼠痛得"吱吱"叫，捂着左眼逃下）。

几乎同时，小鸡们咬住了棕鼠的尾巴，棕鼠想逃也逃不脱了。母鸡奔来，"咯咯……"对准棕鼠的尾巴猛一啄，啄断了棕鼠尾巴，棕鼠没命地逃跑了。

小鸡　　（举起棕鼠尾巴，胜利地叫着）叽叽叽叽……

母鸡　　（用脸去贴了贴彩色蛋）我的第五个小宝贝。啊呀，一点儿暖气都没有了，怎么出得来呢？

小鸡们都围在彩色蛋的周围，用身体去温暖彩色蛋。

　　母鸡也去抱住彩色蛋温暖着它，忽然"少少……"的音乐声响起来，母鸡放开彩色蛋，大家凝视着它，蛋里发出"叮咚叮咚……"的响声，那蛋头上像皮球似的一动一动地鼓了起来，又瘪下去。

　　母鸡　　他想出来了，他想出来了！（对彩色蛋）谁叫你老是跑呀跑的，把暖气都跑掉了，出不来了吧！

　　小鸡　　妈妈……我们帮帮他，帮帮他……

　　母鸡　　对，应该帮帮他。

　　小鸡们围着蛋壳啄着，一阵"叮叮，咚咚，叮叮，咚咚……"还是啄不开。

　　小鸡　　（求救似的）妈妈……

　　母鸡　　好，我来，我来。（用嘴猛啄着蛋壳上端，只听"咚咚咚"三下，蛋壳破了个大洞）

　　彩色蛋里冒出个小黑鸡的头，又连忙缩进去了。

　　母鸡　　（温和地）出来吧！别怕难为情了！

　　小鸡　　出来吧，出来吧！别怕难为情了！

　　在"少少"的音乐声中，小黑鸡害臊地捂着脸慢慢地从彩色蛋壳里伸出头来。母鸡和小鸡们帮着掰开蛋壳，原来是只又瘦又长的小黑鸡。

　　母鸡　　黑黑，我的不听话的小黑黑。

　　黑黑　　妈妈……（难为情地捂着脸）

　　母鸡　　下次可别一个人跑了，现在你长大了，老鼠不敢碰你了，你瞧你有尖尖的嘴巴，尖尖的脚爪，可是你碰到了老鹰就……

　　母鸡话没说完，一声唿哨，从天空扑下了一只老鹰。

　　母鸡　　老鹰来了！快躲到我身后去。

　　红红躲在母鸡身后，黄黄躲在红红身后，蓝蓝躲在黄黄身后，白白躲在蓝蓝的身后，黑黑躲在白白的身后。

　　母鸡　　"咯咯……"地扑开翅膀护着小鸡，和老鹰对峙着。

　　老鹰突然扑向母鸡，母鸡便张开翅膀一面后退一面"咯咯……"地大叫着。

　　老鹰忽然也后退了，当母鸡朝前冲时，老鹰来了个急转身，向最后的黑黑扑了过去。母鸡急忙过去拦阻。老鹰还是紧追不放，母鸡和小鸡被逼得几乎跑成了个圆圈。

　　老鹰又突然转身，从另一边追最后的黑黑，母鸡领着小鸡几乎又跑成一个圆圈的时候，老鹰又突然转身反追着黑黑。母鸡又反过去拦阻老鹰时，老鹰趁黑黑还没来得及跟着鸡队伍转过来，就突然闪电似的转身扑向黑黑。黑黑吓得离开了队伍跑到观众席里，躲在一个小朋友身后，老鹰向远处飞去。

　　母鸡　　黑黑……

　　小鸡　　黑黑……

　　观众席里突然站出个小朋友，他胸挂冲锋枪，向小观众们大声呼吁着。

小朋友　　小朋友们，我们帮助母鸡打老鹰好吗？

观众　　好！

小朋友　　老鹰来了我们就"哒……"（用手装着打枪的样子）

一声唿哨，老鹰飞来。

母鸡　　（提醒）老鹰又来了！（小鸡们钻进母鸡的双翅下躲着）

小朋友　　（一声命令）打，打！

观众　　（都用手装成枪，瞄准老鹰）哒……

老鹰在空中受到小朋友们的枪击，忽上忽下躲闪着。

老鹰飞到观众席里扑向黑黑。

观众群情激愤，举起手装成枪瞄准老鹰。

当老鹰又飞起的时候，观众席突然站起一个或两三个小朋友，举起会喷火的冲锋枪"哒……"地向老鹰打去。老鹰应声落下。

台上台下一阵欢呼。

众小鸡　　母鸡啊，老鹰打死了！老鹰打死了！

母鸡　　谢谢小朋友……（突然大叫起来）啊呀，我的黑黑呢……

（黑黑在一个小观众身后叫着："妈妈，我在这儿呢！"）

母鸡　　在哪儿呢？

小鸡　　在那儿呢！（指着台下）

黑黑　　（从观众席里难为情地出来跑上舞台）我在这儿呢。

母鸡　　我以为你又跑了！（母鸡和小鸡围了上去，亲抚着黑黑）

黑黑　　我再也不离开大家了。

母鸡　　对对，不能离开大家，快谢谢小朋友呀！

黑黑　　谢谢小朋友。

母鸡

小鸡　　谢谢小朋友。

歌声起。

小朋友　　（站起来回答）不谢！不谢！

观众　　不谢！不谢！

幕在"谢谢小朋友"和"不谢，不谢"的一片欢快声中落下。

下面是开头与结尾贯串用的歌词。

红黄蓝白黑，

五彩小小鸡，

团结在一起，

永远不分离！

点评:《五彩小小鸡》是一部充满童趣和想象力的戏剧。该剧通过描述五彩小小鸡与各种动物、人物之间的互动，展现了一个充满惊奇和趣味的世界。故事情节丰富多样，有时是五彩小小鸡与其他动物的较量，有时是它在森林中的冒险，有时又是它与主人的温馨互动。这些情节使戏剧充满了悬念和看点，让观众在每个场景中都能感受到五彩小小鸡的成长与变化。

《五彩小小鸡》是一部优秀的戏剧作品，它以丰富的情节、鲜明的角色形象、深刻的主题和出色的艺术表现力吸引了观众的注意力。这部戏剧不仅适合儿童观看，也适合成年人观看。它让我们重新认识到童年的美好和纯真，也让我们感受到成长路上的勇气和坚持。

活动三　幼儿戏剧创编

一、改编技巧介绍

（一）选择适宜的原作

慎重选择原作是幼儿戏剧改编成功的前提。改编作品应具有线索较单纯，情节完整连贯，形象生动鲜明，矛盾较突出的特点，比如《小熊请客》《没有牙齿的大老虎》《"咕咚"》《白雪公主》《三只小猪》《小红帽》《龟兔赛跑》《渔夫和金鱼的故事》等，这些作品适合改编为幼儿戏剧。将其搬上舞台演出的，受到了小观众们的欢迎。相反，一些情节淡化，富有诗意散文式的童话故事，尽管写得很美，由于缺少明显的矛盾冲突，所以很难改成剧本。而一些长篇童话，内容丰富、情节十分曲折，涉及人物、环境以及事件众多，很难在有限的时间、空间之内集中地表现，也不适合改编为幼儿戏剧。

改编幼儿戏剧时，一般以童话、寓言、幼儿故事或幼儿叙事诗为素材，用戏剧艺术的要求对其进行衡量、审视，进而找出理想的素材。

（二）把握剧本写作的语言特点

原则上，幼儿剧本改编既应尊重原作主题、情节、人物，不随意增删，又要根据演出要求做必要改动。

在戏剧创作中，人物的塑造、情节的推动一般依靠角色台词。这是剧本和其他叙事性文体最大的不同。台词是剧中角色说的话。在幼儿戏剧中，还有很多唱词，唱词是角色唱歌的歌词。另外，一些叙述性语言会被转化成角色动作。

除此之外，改编中角色很难说出的话可转化成剧本的舞台提示语。

例如，鲁兵的童话诗《雪狮子》。原作开篇是一段叙述：

小朋友，

小朋友，

雪地里，

滚雪球，

雪球堆个大狮子，

狮子，狮子，开大口。

少条尾巴怎么办？

有了，插上一把破扫帚。

改编成剧本，用舞台提示先做交代。

时间：　冬天

地点：　老爷爷家院内

人物：　小朋友四人，小猫、小狗、雪狮子、老爷爷

幕启

音乐声中，小朋友、小猫、小狗在雪地上玩耍。接下来，戏剧展开。

小朋友甲　（唱）

北风呼呼叫，

大雪飘呀飘。

（白）哎，堆一个雪狮子好不好？

众　（唱）　堆一个雪狮子，

好，好，好。（雪狮子站起）

小朋友甲　真像，真像，

哎，怎么没有尾巴？

小狗　（提一把扫帚）汪汪，尾巴在这儿。

（观众把尾巴插好）

剧本中"白"后面，是角色台词；"唱"下面是角色唱词。"（　　）"内是角色提示，即人物动作、表情等的具体指示。

台词应上口、悦耳、好听，符合角色身份，可适当重复。唱词要有音韵之美。

还有一类幼儿戏剧作品，舞台提示语言占篇幅很大，比如孙毅的《五彩小小鸡》，舞台提示语占了绝大部分，台词却很少，这些提示语经过舞台化，变得极具趣味性，让小观众一看就明白。

（三）简化结构，突出主线

孩子们最感兴趣的是故事性，情节越紧张、戏剧冲突越激烈，越能吸引他们的注意力。幼

儿戏剧改编中，要让矛盾冲突明快，就必须使剧本具备"舞台感"。

　　童话《小猴吃瓜果》中小猴的形象活泼可爱，也很聪明，可有个缺点：明明自己不知道的事情，偏偏爱说"我知道"，从而导致不听人劝、爱说"我知道"的小猴屡犯错误。它吃西瓜吃皮没吃瓤；吃香瓜吃瓤，没吃皮肉；吃核桃吃皮没吃核仁；吃梨，吃核儿没吃果肉。吃了四种瓜果，得出四个错误的结论。作家张继楼将它改成小木偶剧，剧名变成《"我知道"》。作家把人物置于戏剧冲突的中心，围绕人物个性特点展开剧情。作者还减少了人物，用"好心人"代替小牛、小驴、喜鹊，使角色集中。删掉西瓜地等几处环境，让剧情更加单纯、紧凑。为符合幼儿欣赏习惯，采用了独角戏形式。一人两角，表演非常滑稽。报幕员一前一后的解说，既点明了主题，引发了小观众思考，又穿针引线，组织、推动了剧情发展，达到了寓教于乐的效果。

（四）剧本文面书写格式要规范、得体

　　如前面所说，剧本语言包括舞台提示（说明性语言）和台词（角色语言）两部分。由于剧本主要是供演出用的，所以要了解两类剧本语言的构成和内容，掌握其书写的要求，格式规范。

　　剧本语言中的舞台提示包括人物提示、场景提示和角色提示。人物提示是简要介绍角色的姓名、性别、年龄、身份、个性特点等，位置放在标题下面。剧本中的场景提示是时间、地点、布景、角色上下场的说明，它贯穿于整个剧情之中，常用"〔"做标示。剧本中的角色提示是人物在对话、演唱或道白时，对角色表情动作、内心状态的具体指示，常用"（）"做标示，标示可放在对话、唱词、道白前面，也可放中间或后面。剧本的舞台提示语言要准确、简洁、清楚。

　　幼儿话剧中的台词包括对白、独白、旁白，幼儿歌舞剧中有对唱、独唱、旁唱等。在剧本写作时，剧本的对白（对唱）前面，常用"白"或"唱"做提示；剧本的独白、旁白前面，也可以用"独"或"旁"做提示。此外，注意角色称呼与台词之间不加冒号，用空格表示即可。台词也不用加引号。

　　戏剧剧本写法约定俗成，有时可以灵活使用。为使剧本书写规范、得体，不妨平时多看些剧本，熟悉剧本文面特点，并在戏剧改编中加以运用。

二、改编案例分析

案例一　以《小熊请客》（开头部分）为例，学习剧本改编

（一）原文：《小熊请客》（开头部分）

　　有一只狐狸，又懒又馋，整天吃饱了睡，睡够了就去偷东西吃。所以，谁见了它都讨厌。

　　有一天，它在大树底下睡懒觉。一觉醒来，太阳快下山了，肚子也咕咕叫了。它想："到哪弄点吃的呢？"忽然，它看见小猫咪带着一件礼物走过去……

（二）戏剧改编

第一场　在树林中

太阳透过树丛，照射在绿油油的草地上。各种颜色的小野花，开得可好看啦！树上的小鸟快活地叫着。

在一阵怪里怪气的音乐声中，狐狸顺着林中小路一颠一拐地走了过来。狐　狸　（数板）

我的名字叫狐狸，

一肚子的坏主意，

人人见我都讨厌，

说我好吃懒做没出息。

（他抬头看了看太阳：

太阳升得高又高，

肚子里还没吃东西！）

（白）唉！真倒霉！到现在连一点儿吃的都没弄到手，饿得我两条腿一点儿劲儿都没有了，我还是先在大树背后躺着歇一会儿吧！

狐狸靠着大树懒懒地眯上了眼睛。

一阵轻快的音乐由远而近，小猫咪提着一包点心，连唱带跳地跑了过来。

改编说明：

初学幼儿戏剧改编时，学生的知识基础和创作能力十分薄弱，所以，先要熟悉剧本文面书写格式。掌握人物提示、场景提示和角色提示的作用、标示等。然后，练习剧本文面书写。学习写台词。剧本文字中最重要的就是台词。改编幼儿戏剧剧本台词时应注意两个方面：一是口语化，要好听、上口；二是应符合角色身份、性格、特点。台词的创编，尤其要注意与角色身份、性格的吻合。在《小熊请客》里，那个好吃懒做、蛮横霸道，想吃掉别人所有好东西的狐狸，它的台词，就很符合狐狸的性格与心理。

案例二　以《龟兔赛跑》为例，改编幼儿戏剧

（一）原作：寓言故事《龟兔赛跑》

有一天，兔子和乌龟跑步，兔子嘲笑乌龟爬得慢，乌龟说，总有一天他会赢。兔子说，我们现在就开始比赛。兔子飞快地跑着，乌龟拼命地爬，不一会儿，兔子与乌龟已经有很大一段距离了。兔子认为比赛太轻松了，它要先睡一会儿，并且自以为是地说很快就能追上乌龟。而乌龟呢，它一刻不停地爬行，当兔子醒来的时候，乌龟已经到达终点了。

（二）戏剧改编

《龟兔赛跑》

阳光明媚，森林里的小动物们都在玩耍，有一只小乌龟在慢慢地爬，这时候来了一只小兔子。

小兔子蹦蹦跳跳来到乌龟面前。

小兔子　　乌龟，你在玩什么呀！

乌　龟　　（小声说）我在练习跑步呢。

小兔子　　（捂嘴笑）（唱）

乌龟，乌龟，爬，爬；

一早出来玩耍。

乌龟，乌龟，走，走；

天黑还在门口。

乌　龟　　小兔子，不要瞧不起人，我们来比赛！

小兔子　　（哈哈大笑）你敢和我比赛。一定惨败！我去找鸭子当裁判。

鸭子安排好比赛。

鸭　子　　现在宣布比赛规则，在路尽头有颗红宝石，谁先拿到红宝石谁就胜利。现在准备比赛，3，2，1，开始。

小兔子和乌龟都快跑起来，可兔子跳得太快了，一会儿就超出乌龟一大截。

小兔子　　（跳到一棵大树旁）乌龟爬得好慢啊，我先休息一会儿。

（旁）小兔子在树下想着乌龟慢慢爬的样子，边想边笑，想着想着就睡着了。乌龟坚持爬呀爬，终于爬到了终点。

乌　龟　　（回过头，看小兔子还没有过来）小兔子怎么还没到，我回去找找它。（乌龟爬呀爬，爬到树下，看到小兔子还在睡觉）小兔子，我已经拿到宝石了，我胜利了。

小白兔　　（红着脸低着头）小乌龟，我输了。

乌　龟　　小兔子，以后你不要取笑人，我们还是好朋友。

小白兔　　好的，我记住了，我们一起玩吧。

音乐:《找朋友》

乌　龟　　（一起唱《找朋友》）

小白兔　　找呀找呀找朋友，

找到一个好朋友，

敬个礼，握握手，

我们都是好朋友，再见。

乌龟、小兔子　　小朋友们，龟兔赛跑的故事告诉我们呀："谦虚使人进步，骄傲使人落后！"小朋友要记住了啊！（一起）

改编说明：改编时，有时需删减人物、简化结构，有时则需增加人物和情节，但两者目的一样，都是为塑造人物形象而服务。《龟兔赛跑》是大家熟悉的故事，改编增加的鸭子被小兔子叫去当裁判的内容，使情节更完整连贯，更具故事性。不仅没淡化主题，反而推动了剧情发展，表现出小兔子的自负和骄傲。比赛胜利后，乌龟过来找小兔子，小兔子认识了自己的错误，和乌龟成了好朋友。增加的部分，使表演气氛变得欢快和温馨，符合幼儿审美心理，思想内容也得到了丰富。

改编因题材而异，寓言故事短小时，增加情节可起到丰富戏剧性的作用。而对于童话，则应根据篇幅长短做具体分析。

三、改编评价要点

（一）主题是否有现实针对性

在童话或生活故事改编中，直接的教育目的不再占据显眼的位置，但故事仍需着眼于幼儿情感和生活，包括幼儿自我认同、幼儿期同伴关系、幼儿对世界的认识和感受、幼儿期特有的恐惧和孤独体验等。如何让幼儿学习处理基本的生活和情感问题，永远是最有意义的话题。比如《隐形猫熊在哪里》中，可爱的隐形猫熊"叭不叭"和小女孩玲玲相遇，"叭不叭"倾听玲玲诉说心中的烦恼，帮助玲玲解决了许多生活中的难题。这个故事令孩子们感动，演出时引起强烈的情感共鸣。

（二）内容充满幼儿情趣

富于情趣是幼儿戏剧的艺术特征，是塑造孩子喜爱的舞台形象的手段。幼儿戏剧必有游戏性。在《"妙乎"回春》中，主人公"妙乎"的称谓，与日常生活中唤猫和猫叫的声音一致，很有形象感。小猫"妙乎"自作聪明，它不懂装懂，还错把"妙手回春"当作"妙乎回春"，充满了喜剧色彩。

（三）主线应清晰、单纯

由于幼儿理解力、接受力相对较弱，所以保证剧情单纯、线索清晰是必要的。幼儿戏剧中的角色不宜多，角色之间关系不能复杂，戏剧冲突要明确、单一。如《回声》，是表现幼儿日常生活的小话剧，情节简单，人物活动单一，没有曲折的故事情节，幼儿生活的情趣却跃然纸上。

（四）语言、动作设计符合幼儿心理

幼儿戏剧的台词，每句独立看应该是日常口语，用词简单，句式短小。把台词组合在一起，充满幼儿情趣。动作设计也应适合幼儿特点，比如《小蝌蚪找妈妈》中小动物的出场动作：青蛙——呱呱叫、跳蹦出来；鸭妈妈——蹒跚、笨拙，边走边呼唤小鸭们；小蝌蚪——摇头摆尾

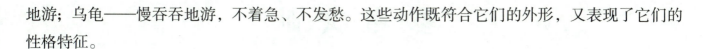

地游；乌龟——慢吞吞地游，不着急、不发愁。这些动作既符合它们的外形，又表现了它们的性格特征。

（五）非歌舞剧中，需穿插必要的歌舞

很多幼儿剧都以歌舞开始或结束，目的是营造欢乐、美好的气氛，并起画龙点睛的作用。幼儿剧台词和歌舞往往共同呈现，歌舞可以塑造形象，具有浓郁的游戏性。在案例二《龟兔赛跑》的结尾，乌龟和小白兔一起唱《找朋友》，不但丰富和深化了主题，还给小观众带来了快乐。让孩子们在优美温馨、热烈欢乐的剧情之中，获得美的享受。

（六）具备表演可行性

可供演出的剧本，应具备表演可行性，包括布景、灯光、音响效果、道具、服装、化妆等。比如，原作品的文字描述是"春天到了"，到了舞台上就可以由小花、绿草的布景，小朋友玩耍，小鸟飞，蝴蝶、蜜蜂舞蹈，优美的音乐共同来呈现，通过视觉、听觉让观众感受春天。

探究与实践

一、名词解释

1. 幼儿话剧。
2. 幼儿皮影戏。

二、简答题

1．简述幼儿戏剧的分类。
2．试述幼儿戏剧的特点。

三、论述题

认真阅读《小熊拔牙》和《五彩小小鸡》，两剧的戏剧冲突分别是怎么造成的？又是怎么解决的？

四、创作题

选择一则故事或童话，将其改编成幼儿戏剧剧本。

参 考 文 献

［1］张丽，王苗苗. 幼儿文学学习活动教程［M］. 北京：新时代出版社，2012.

［2］李晓红. 幼儿文学［M］. 北京：北京理工大学出版社，2012.

［3］瞿亚红. 幼儿文学［M］. 北京：北京大学出版社，2013.

［4］方卫平. 幼儿文学教程［M］. 北京：高等教育出版社，2014.

［5］方卫平，王昆建. 儿童文学［M］. 2版. 北京：高等教育出版社，2009.

［6］郑飞艺. 幼儿文学［M］. 上海：华东师范大学出版社，2014.

［7］王泉根. 幼儿文学教程［M］. 北京：北京师范大学出版社，2009.

［8］方美波. 幼儿文学作品导引［M］. 杭州：浙江大学出版社，2009.

［9］袁增欣. 幼师"讲故事"教学研究［D］. 石家庄：河北师范大学，2012.